EL AMOR ES NUESTRA MISIÓN

La familia plenamente viva

Diseño de la portada: Tyler Ottinger
Arte de la portada: *Circle of Love* (Círculo de amor) / © 2014 Michael Escoffery / Artists Rights Society (ARS), Nueva York. Foto: Michael Escoffery / Art Resource, NY; *San Joaquín y Santa Ana,* mosaico del Padre Marko Rupnik, 2008 / Capilla del Espíritu Santo en Sacred Heart University, Fairfield, Connecticut; *Cristo en casa de sus padres,* John Everett Millais, 1863 / Colección privada / Bridgeman Images; *La Sagrada Familia,* Giorgione, c. 1500 / Galería Nacional de Arte, Washington, D.C. Diseño interior: Sherri L. Hoffman

Traducción y composición gráfica en español de Victory Productions, Inc.
www.victoryprd.com

Impreso en los Estados Unidos de América

Catequesis preparatoria para el
Encuentro Mundial de las Familias

Filadelfia, 2015

EL AMOR ES NUESTRA MISIÓN

La familia plenamente viva

PRESENTACIÓN

Nos complace presentar esta catequesis sobre la vida familiar, que ha preparado la Arquidiócesis de Filadelfia y el Consejo Pontificio para la Familia en vista del Octavo Encuentro Mundial de las Familias, que tendrá lugar en Filadelfia del 22 al 27 de septiembre de 2015.

Esta catequesis explica cómo toda la enseñanza católica acerca del sexo, el matrimonio y la familia se deriva de nuestras creencias básicas sobre Jesús. Esta catequesis ofrece un relato que comienza con nuestra creación, que observa con sobriedad nuestra caída y los desafíos que enfrentamos, pero que enfatiza el plan de Dios para nuestra salvación. El amor es nuestra misión, y es amando a Dios y los unos a los otros que estaremos plenamente vivos.

El Concilio Vaticano II dijo que cada familia es una "Iglesia doméstica", una pequeña célula del total de la Iglesia universal. Esta catequesis analiza lo que esto significa. Animamos a todos a que la estudien para comentarla con los demás, particularmente en las parroquias, y que recen para buscar maneras en que la Iglesia pueda servir a las familias y en que las familias puedan servir a la Iglesia. La familia y la Iglesia dependen mutuamente una de la otra.

En esta catequesis, hemos tratado de presentar la enseñanza católica de una manera renovada, perspicaz y accesible para los católicos contemporáneos y para todas las personas de buena voluntad. Para parafrasear a San Agustín, cuando escribió en su obra *Las Confesiones*, Dios es *siempre antiguo, siempre nuevo*. Esperamos que esta nueva catequesis le confirme la belleza y la coherencia de la enseñanza católica, que es sabiduría sublime y venerable, y la verdadera fuente de renovación en todas las eras, incluida la nuestra.

Esperamos reunirnos en Filadelfia con personas de todo el mundo. A medida que nos preparamos para este acontecimiento, pedimos especialmente oraciones de intercesión de María y de José, padres de la Sagrada Familia y patronos de todas las familias.

Reverendísimo Charles J. Chaput, O.F.M. Cap., D.D.
Arzobispo de Filadelfia

Reverendísimo Vincenzo Paglia
Presidente del Consejo Pontificio para la Familia

EL AMOR ES NUESTRA MISIÓN:

La familia plenamente viva

Declaración resumida

La Iglesia cree que Dios existe y que nos ama. Afirmamos esto, porque hemos encontrado a Jesucristo y confiamos en Él. Esta confianza permite una relación en la que se revela y anuncia el plan de Dios para toda la creación. Confiando en este plan, podemos proclamar que todos y cada uno de los seres humanos están creados a imagen de Dios. Creemos que Dios nos crea con un propósito y para una misión.

Creemos que, en Jesús, Dios se hizo hombre. Creemos que, en Jesús, Dios invita y convoca al mundo entero a conocerlo y a vivir en la Iglesia como su pueblo de la alianza. Creemos que el amor de Dios está visible y se manifiesta en esta alianza, que revela que Dios es fiel incluso hasta en la muerte, a pesar de ser infieles y pecadores. Creemos que Jesús sufrió, murió y resucitó de entre los muertos, confirmando el poder y la fidelidad de Dios, y ofreciéndonos confianza en que su camino es verdadero. Como pueblo de la alianza de Jesús, confiamos en que Él ahora está sacramentalmente presente con nosotros y que, en definitiva, compartiremos su victoria y la comunión celestial.

Apoyados en el Espíritu Santo y en los sacramentos de la Iglesia, buscamos esta comunión, que Jesús prometió sería nuestro destino. Creemos que todos los aspectos de nuestra vida —incluidas nuestra sexualidad, nuestra fertilidad y nuestra vida familiar— forman parte de esta misión de vivir y amar como Jesús enseñó.

Creemos que, en el Sacramento del Matrimonio, Dios nos ha dado el don de experimentar su alianza. En la alianza del matrimonio, marido y mujer viven juntos a la luz de la alianza ya establecida entre Dios e Israel, entre Cristo y la Iglesia. Creemos que el matrimonio es el semillero de una familia, el núcleo de la Iglesia doméstica, que es en sí misma un miembro esencial de la gran Iglesia universal.

Reconocemos que somos seres caídos y que toda forma de sufrimiento, tentación y pecado puede agobiarnos e impedirnos alcanzar aquello para lo que fuimos creados. Pero confiamos en que, sin importar las pruebas que enfrentemos o las heridas que nos inflijamos, a nosotros mismos y a los demás, Dios es fiel. Su pasión, crucifixión y resurrección son la evidencia decisiva de que Él no se apartará de su alianza. El Señor ha demostrado que Él es más fuerte que todos nuestros pecados y que Él conquista el pecado. En nuestra vida juntos, ante la presencia de Jesús y del Espíritu Santo entre nosotros, creemos que Dios concretará la obra que ha iniciado en nosotros. En espera a ese día en que Jesús habrá de volver a establecer plenamente su Reino en la tierra, creemos que nuestra misión es dar testimonio de lo que Dios ha hecho y está haciendo. Creemos que nuestra misión es amar a Dios y al prójimo como Él nos enseñó.

Creemos que el amor es nuestra misión y que esta misión es la única manera de poder estar plenamente vivos y ser aquello para lo que fuimos creados. Creemos que este amor debe ser enseñado, compartido y difundido en y a través de la familia, que es la Iglesia doméstica. Creemos que la familia participa en la misión de toda la Iglesia y dedicamos esta catequesis a explicar esta visión del amor más detalladamente.

CONTENIDO

En las famosas palabras del Padre de la Iglesia primitiva, San Ireneo, "la gloria de Dios es el hombre viviente". De igual manera, la gloria de los hombres y de las mujeres es su capacidad de amar como Dios ama. La vida en familia es un llamado a encarnar este amor en la vida cotidiana.

Lo que los católicos creen sobre el propósito humano, el matrimonio y la familia, esa es la esencia del siguiente catecismo preparatorio para el Encuentro Mundial de las Familias del 2015, en Filadelfia. Esta catequesis se despliega en diez pasos o capítulos:

Somos más que un accidente evolutivo. Somos más grandes que la suma de nuestra biología. Dios existe. Dios es bueno. Dios nos ama. Nos hizo a su imagen para que participemos de su gozo. Participa activamente en nuestra vida. Envió a su único Hijo para restablecer nuestra dignidad y guiarnos de regreso a Él.

Dios obra a través de nosotros. Nosotros tenemos una misión. Estamos en el mundo con un propósito: recibir el amor de Dios y demostrar el amor de Dios a los demás. Dios busca sanar un universo quebrantado. Nos pide que seamos sus testigos y ayudantes en esa obra.

El mundo tangible, terrenal y corpóreo es más que materia inerte o arcilla de modelar para la voluntad humana. La creación es sagrada. Esta tiene un significado sacramental. La creación refleja la gloria de Dios. Eso incluye nuestro cuerpo. Nuestra sexualidad tiene el poder de procrear y participa en la dignidad de ser creados a imagen de Dios. Tenemos que vivir según este principio.

No fuimos creados para estar solos. Los seres humanos se necesitan y se completan mutuamente. La amistad y la comunidad satisfacen ese anhelo con vínculos de amor y de intereses comunes. El matrimonio es una forma de amistad particularmente íntima que llama a un hombre y a una mujer a amarse de manera comparable a la alianza de Dios. El matrimonio es un Sacramento. El amor del matrimonio es fructífero y se ofrece sin reservas. Este amor existe a imagen de la fidelidad de Jesús a la Iglesia.

El matrimonio tiene como propósito ser fértil y recibir la vida nueva. Los niños dan forma al futuro, así como a ellos se les da forma en su familia. Sin niños, no puede haber futuro. Los niños criados con amor y guía son el cimiento de un futuro amoroso. Los niños heridos presagian un futuro herido. Las familias son la base sólida para todas las comunidades más extendidas. Las familias son Iglesias domésticas, lugares donde los padres ayudan a los niños a descubrir que Dios los ama y tiene un plan para la vida de cada uno de ellos.

No todos están llamados al matrimonio. Pero toda vida tiene el propósito de ser fértil. Toda vida tiene el poder y la necesidad de nutrir la vida nueva: si no es a través de dar a luz y criar niños, entonces a través de otras formas vitales de entrega personal, de desarrollo y de servicio. La Iglesia es una familia ampliada de diferentes vocaciones, cada una distinta, pero cada una necesitando de las demás y apoyándolas. El sacerdocio, la vida religiosa y la vocación laica célibe enriquecen y son enriquecidos por el testimonio del estado matrimonial. Las maneras diferentes de ser castos y célibes fuera del matrimonio son maneras de entregar la propia vida al servicio de Dios y de la comunidad humana.

En el mejor de los casos, la familia es una escuela de amor, justicia, compasión, perdón, respeto mutuo, paciencia y humildad en medio de un mundo oscurecido por el egoísmo y el conflicto. Es así como la familia enseña lo que significa ser humano. Sin embargo, surgen muchas tentaciones que intentan persuadirnos a olvidar que el hombre y la mujer son creados para la alianza y la comunión. Por ejemplo, la pobreza, la riqueza, la pornografía, la anticoncepción, los errores filosóficos y otros errores intelectuales pueden crear contextos que desafíen o amenacen una vida familiar sana. La Iglesia se opone a estas cosas para proteger a la familia.

Muchas personas, especialmente hoy, enfrentan situaciones dolorosas que surgen de la pobreza, la discapacidad, la enfermedad y las adicciones, el desempleo y la soledad de la edad avanzada. Pero el divorcio y la atracción por el mismo sexo impactan en la vida de la familia de maneras diferentes y a la vez poderosas. Las familias y las redes de familias cristianas deben ser fuentes de misericordia, seguridad, amistad y apoyo para los que luchan contra estos problemas.

La Iglesia tiene formas institucionales porque debe trabajar en el mundo. Pero eso no agota su esencia. La Iglesia es la Esposa de Cristo; es "ella", no "esa". Según las palabras de San Juan XXIII, ella es nuestra madre y maestra, nuestra consoladora y guía, nuestra familia de fe. Aunque su pueblo y sus líderes pequen, seguimos necesitando la sabiduría de la Iglesia, sus Sacramentos, su apoyo y su proclamación de la verdad, porque ella es el cuerpo de Jesús mismo en el mundo; la distinguida familia del pueblo de Dios.

Dios nos hizo por una razón. Su amor es nuestra misión en la vida. Esta misión nos permite encontrar nuestra verdadera identidad. Si decidimos abrazar esta misión, tendremos una perspectiva nueva sobre muchas cuestiones, no solo la familia. Vivir la misión de la Iglesia doméstica significa que las familias católicas vivirán, a veces, como minorías, con valores diferentes de los que tiene la cultura que las rodea. Nuestra misión de amor exigirá valentía y fortaleza. Jesús está llamando y nosotros podemos responder, eligiendo una vida de fe, esperanza, caridad, gozo, servicio y misión.

El hombre no puede vivir sin amor. Él permanece para sí mismo un ser incomprensible, su vida está privada de sentido si no se le revela el amor, si no se encuentra con el amor, si no lo experimenta y lo hace propio, si no participa en él vivamente. Por esto precisamente, Cristo Redentor, como se ha dicho anteriormente, revela plenamente el hombre al mismo hombre. Tal es —si se puede expresar así— la dimensión humana del misterio de la Redención. En esta dimensión el hombre vuelve a encontrar la grandeza, la dignidad y el valor propios de su humanidad.

San Juan Pablo II
Redemptor hominis, 10
4 de marzo de 1979

En estos días reflexionaremos de modo particular sobre la familia, que es la célula básica de la sociedad humana. El Creador ha bendecido desde el principio al hombre y a la mujer para que fueran fecundos y se multiplicaran sobre la tierra; así, la familia representa en el mundo como un reflejo de Dios, Uno y Trino.

Nuestra reflexión tendrá siempre presente la belleza de la familia y del matrimonio, la grandeza de esta realidad humana, tan sencilla y a la vez tan rica, llena de alegrías y esperanzas, de fatigas y sufrimientos, como toda la vida. Trataremos de profundizar en la teología de la familia, y en la pastoral que debemos emprender en las condiciones actuales. Hagámoslo con profundidad y sin caer en la casuística, porque esto haría reducir inevitablemente el nivel de nuestro trabajo. Hoy, la familia es despreciada, es maltratada, y lo que se nos pide es reconocer lo bello, auténtico y bueno que es formar una familia, ser familia hoy; lo indispensable que es esto para la vida del mundo, para el futuro de la humanidad. Se nos pide que realcemos el plan luminoso de Dios sobre la familia, y ayudemos a los cónyuges a vivirlo con alegría en su vida, acompañándolo en sus muchas dificultades, con una pastoral inteligente, animosa y llena de amor.

Papa Francisco
Palabras al Consistorio Extraordinario de Cardenales
20 de febrero de 2014

La creación del hombre, Marc Chagall, 1956–58 / © 2014 Sociedad de los derechos de los artistas (ARS por sus siglas en inglés), Nueva York / ADAGP, París. Musee National Message Biblique Marc Chagall, Niza, Francia / Peter Willi / Bridgeman Images

I. CREADOS PARA SER PARTÍCIPES DE SU GOZO

Somos más que un accidente evolutivo. Somos más grandes que la suma de nuestra biología. Dios existe. Dios es bueno. Dios nos ama. Nos hizo a su imagen para que participemos de su gozo. Participa activamente en nuestra vida. Envió a su único Hijo para restablecer nuestra dignidad y guiarnos de regreso a Él.

Un plan para la vida y para el amor que nos sostiene

1. La enseñanza católica sobre el matrimonio y la familia brota del corazón de nuestra fe. Por ello, podemos empezar repasando la historia básica de la Iglesia. Nuestro Dios no es inaccesible ni distante; creemos que Dios se revela a sí mismo en Jesucristo. Jesús es la fuente de esperanza, fe, amor y gozo que deben animar la vida de la familia católica. Él es la razón por la que podemos confiar en la sabiduría de la creencia católica. Todo lo que ofrecemos en esta catequesis brota de Jesús mismo.[1]

2. Como el Papa Francisco ha dicho recientemente sobre la vida matrimonial, "Prometer un amor para siempre es posible cuando se descubre un plan que sobrepasa los propios proyectos, que nos sostiene y nos permite entregar totalmente nuestro futuro a la persona amada".[2] Pero vivimos en una época de un profundo escepticismo mundano acerca de cualquier "plan que sobrepasa" o de cualquier significado trascendental a la experiencia humana. Para muchas personas, la persona humana es poco más que un accidente evolutivo; átomos de carbono con actitud.

En otras palabras, para muchas personas, no tenemos propósito más alto que cualquier significado que creemos para nosotros mismos.

3. En una era de sofisticada tecnología y riquezas materiales, ese tipo de razonamiento sin Dios puede parecer verosímil. Pero a final de cuentas, es una visión demasiado pequeña de quiénes somos como hombres y mujeres. Esta socava la dignidad humana, deja hambrientas a las almas famélicas y no es verdadera.

4. De hecho, ansiamos un significado. El anhelo de un propósito es una experiencia humana universal. Por consiguiente, los seres humanos se han hecho siempre preguntas básicas como "¿Quién soy?", "¿Por qué estoy aquí?" y "¿Cómo debo vivir?". La fe cristiana emergió en el antiguo Mediterráneo, como una mezcla de las culturas griega, romana y hebrea, entre otras. Era un mundo en el que luchaban por el predominio muchas respuestas diferentes a las preguntas básicas de la vida.

5. Nuestra situación actual es similar. Como en el mundo antiguo, hoy las culturas se superponen y se fusionan unas con otras. Entonces, como ahora, las filosofías de vida compiten y ofrecen visiones diferentes de lo que forma una vida buena. Al mismo tiempo, también abundan el sufrimiento y la pobreza, así como el escepticismo —en algunas culturas— para con cualquier religión o filosofía que reivindica ofrecer una verdad vinculante o amplia.

6. Con tantas respuestas conflictivas, nuestra era es un tiempo de confusión. Muchas personas buscan hoy sinceramente un significado, pero no saben en quién confiar o hacia dónde encomendar su vida.

7. En medio de esta incertidumbre, los cristianos son personas que confían en Jesucristo.[3] A pesar de las ambigüedades de la historia humana, el camino católico de la esperanza y el gozo, el amor y el servicio, se fundamenta en un encuentro con Jesús. Como lo proclamó San Juan Pablo II en su primera encíclica: "y tal revelación del amor y de la misericordia tiene en la historia del hombre una forma y un nombre:

se llama Jesucristo".[4] Todo se deriva de eso. Jesucristo es la base de la fe cristiana.[5]

Jesús revela a Dios y el plan comienza a desplegarse

8. En la Biblia, Jesús pregunta a sus discípulos: "¿quién dicen que soy yo?" (Mateo 16, 13-20). La historia humana de los últimos 2,000 años ha girado en torno a la respuesta. Los cristianos son personas que, habiendo conocido a Jesús de muchas maneras (a través del testimonio de los santos y los apóstoles, a través de la Sagrada Escritura y el sacramento, en la oración y el servicio a los pobres, en el culto y a través de los amigos y la familia), son capaces de confiar en Jesús y decir, con Pedro: "Tú eres el Mesías, el Hijo del Dios vivo" (Mateo 16, 16; LBL).

9. Entre las muchas cosas que hizo en la Tierra, Jesús sufrió y, sin embargo, persistió en el amor; a Jesús lo crucificaron manos humanas y, sin embargo, se levantó victorioso sobre la muerte. Como Dios mismo sufrió estas cosas, los cristianos creen que Dios no está desconectado de la condición humana. Ni siquiera creemos en un dios caprichoso ni en una deidad que compite con los seres humanos. El Dios en quien confiamos quiere que florezcamos. Gracias a Jesucristo, los católicos tienen confianza en el amor de Dios por nosotros. Como el Papa Francisco lo explicó en su primera encíclica:

Al hombre que sufre, Dios no le da un razonamiento que explique todo, sino que le responde con una presencia que le acompaña, con una historia de bien que se une a toda historia de sufrimiento para abrir en ella un resquicio de luz. En Cristo, Dios mismo ha querido compartir con nosotros este camino y ofrecernos su mirada para darnos luz. Cristo es aquel que, habiendo soportado el dolor, "inició y completa nuestra fe".[6]

10. En un sentido, todo en la teología cristiana es un comentario sobre lo que significa decir que Dios se hizo hombre, murió y resucitó. La presencia de Dios en carne humana en Jesús significa que el Creador trascendente del mundo es también nuestro Padre inmanente, íntimo y completamente cariñoso. El Dios trino siempre será un misterio infinito y, sin embargo, este mismo Dios también se convirtió en un hombre particular en un momento y un lugar particulares. Dios se volvió tan vulnerable como un bebé en un pesebre, o un hombre en una cruz. Jesús enseñó y habló, se rió y lloró; su vida, su muerte y su resurrección significan que, aunque Dios es inagotablemente misterioso, no es ininteligible. Es Jesús quien nos permite hablar con confianza sobre Dios y la verdad divina.

11. Jesús habla de sí mismo como el Hijo del Padre y, con su Padre, envía al Espíritu Santo para que esté con su pueblo. De esta manera, aprendemos de Él que la naturaleza de Dios es una comunión eterna de tres personas divinas, Padre, Hijo y Espíritu Santo. A través del bautismo en su Iglesia, Jesús invita a todos a ser parte de la alianza de Dios y a ser parte de la comunión divina. La historia de Israel y, más tarde, la de la Iglesia, es una historia que tiene una importancia universal, porque es una convocatoria a vivir como pueblo de Dios y a participar en la comunión divina.

Jesús revela nuestra identidad humana y nuestro destino

12. Jesús revela quién es Dios, incluso que Dios nos ama y que extiende su mano a todos nosotros. Pero Jesús también revela lo que significa ser humano. El Concilio Vaticano II, hablando de Jesús como la "Palabra" de Dios, enseñó que "[e]n realidad, el misterio del hombre sólo se esclarece en el misterio del Verbo encarnado".[7] En Jesucristo, aprendemos sobre nosotros mismos cosas que son verdaderas, que no podríamos inventar y que, de lo contrario, no podríamos saber. Como dice la Biblia, "su vida está ahora escondida con Cristo" (Colosenses 3, 3, LBL). Los católicos creen que Dios ama así al mundo (Juan 3, 16) que, antes que

dejarnos confundidos, Dios se hizo carne humana para revelar quién es Él y quiénes somos nosotros. El Concilio Vaticano II explica:

> La razón más alta de la dignidad humana consiste en la vocación del hombre a la unión con Dios. Desde su mismo nacimiento, el hombre es invitado al diálogo con Dios. Existe pura y simplemente por el amor de Dios, que lo creó, y por el amor de Dios, que lo conserva. Y sólo se puede decir que vive en la plenitud de la verdad cuando reconoce libremente ese amor y se confía por entero a su Creador.[8]

Como lo resaltó el Papa Benedicto XVI en el último Encuentro Mundial de las Familias, en Milán, en el 2012, "[e]l amor es lo que hace de la persona humana la auténtica imagen de la Trinidad, imagen de Dios".[9]

13. La frase "imagen de Dios" viene del Génesis (Génesis 1, 26-27; 5, 1 y 9, 6). Sugiere que cada persona es preciosa, con una dignidad única e irreducible. Tal vez abusemos o usemos a otras personas o a nosotros mismos, pero no podemos borrar esta verdad de cómo nos ha creado Dios. Nuestra dignidad básica no está supeditada a nuestros logros o fracasos. La bondad de Dios y su amor por nosotros es anterior y mucho más elemental que cualquier pecado humano. La imagen de Dios permanece en nosotros, sin que importe lo que hagamos para oscurecerla. Haber sido creados a imagen de Dios sugiere que nuestra alegría y realización verdaderas yacen en conocernos, amarnos y servirnos unos a otros como Dios lo hace.

14. Hablar de los hombres y las mujeres como "imagen de Dios" significa que no podemos hablar de humanidad sin hacer referencia a Dios. Si la naturaleza de Dios es ser una Trinidad de comunión —Padre, Hijo y Espíritu Santo— y si estamos hechos a esa imagen, entonces nuestra naturaleza es ser interdependientes. Para ser una persona, necesitamos comunión.[10] "Ser persona a imagen y semejanza de Dios comporta

también existir en relación al otro 'yo'."[11] Para ser nosotros mismos, nos necesitamos unos a otros y necesitamos a Dios. Necesitamos amar a alguien y que alguien nos ame. Para ser quienes fuimos creados para ser, debemos entregarnos a nuestro prójimo. "El ser persona ... no [se] puede llevar a cabo si no es *en la entrega sincera de sí mismo a los demás*. El modelo de esta interpretación de la persona es Dios mismo como Trinidad, como comunión de Personas. Decir que el hombre ha sido creado a imagen y semejanza de este Dios quiere decir también que el hombre está llamado a existir 'para' los demás, a convertirse en un don."[12] Para salvar nuestra vida, debemos entregársela a Dios (Mateo 10, 39; 16, 25). Este relato teológico de la persona humana se convertirá en el proyecto de toda teología moral, incluso de la enseñanza católica sobre la familia.

15. Tal vez coqueteemos con fantasías de autosuficiencia. Pero estamos hechos a imagen de Dios; y si queremos vivir como los hijos y las hijas de Dios que verdaderamente somos, debemos aceptar su convocatoria a amarlo a Él y al prójimo. Así como Jesús reveló la naturaleza de Dios a través de su amor y su sacrificio, nosotros también aceptamos nuestra verdadera humanidad más profundamente a medida que nos involucramos en relaciones de amor y servicio con nuestro prójimo y en la adoración de Dios.

16. Como lo notó el Vaticano II en su discusión sobre la dignidad humana, muchos ateos creen que solo una "base puramente científica" puede decirnos todo lo que necesitamos saber sobre nosotros mismos, sin referencia a nada que esté más allá del mundo natural.[13] Pero los católicos sostienen que esta teología es esencial para la antropología; en otras palabras, creemos que una comprensión de Dios y de su propósito para la creación es vital para cualquier relato completo de los seres humanos. Los católicos creen que la revelación de Dios de sí mismo en Jesús nos trae de vuelta a nosotros mismos, revelando la verdad de quiénes somos, revelando que —fundamentalmente— pertenecemos

a Dios. El amor de Dios es esencial para nuestra identidad y más fundamental que cualquier ansiedad, ambición o pregunta que podamos tener. Como San Juan Pablo II enseñó al principio de su pontificado, "[e]l hombre que quiere comprenderse hasta el fondo a sí mismo —no solamente según criterios y medidas del propio ser inmediatos, parciales, a veces superficiales e incluso aparentes— debe, con su inquietud, incertidumbre e incluso con su debilidad y pecaminosidad, con su vida y con su muerte, acercarse a Cristo".[14]

17. Al enseñar sobre el matrimonio, Jesús mismo se refiere al plan y al propósito de Dios en la creación. Cuando los fariseos desafían a Jesús con una pregunta sobre el divorcio, su respuesta recuerda que Dios creó seres humanos masculinos y femeninos, y que el esposo y la esposa serán una sola carne.[15] (Mateo 19, 3-12, Marcos 10, 2-12) Del mismo modo, cuando el Apóstol Pablo escribe a los corintios acerca de la ética sexual, les recuerda la unión de una sola carne entre el hombre y la mujer, en la creación (1.ª Corintios 6, 16). Cuando les escribe a los efesios sobre el matrimonio, vuelve a recordarles esa unión y les dice que ese es un "misterio muy grande", que se refiere a Cristo y a la Iglesia (Efesios 5, 32). Al escribirle a la Iglesia de Roma, habla de la naturaleza y la voluntad de Dios, que se revelan en la creación, y habla de los muchos pecados —incluso de los pecados sexuales— que surgen de apartarse de nuestro conocimiento del creador (Romanos 1, 18-32).

El amor es la misión de la familia

18. A estas alturas deber estar claro por qué el tema del Encuentro Mundial de las Familias del 2015 es "El amor es nuestra misión". Uno de los documentos papales más importantes del siglo xx, sobre la vida en familia —*Familiaris consortio*, también de San Juan Pablo II— resumía cómo la enseñanza católica acerca de Dios y la naturaleza humana da forma a las creencias católicas acerca de cómo deberíamos vivir:

> Dios ha creado al hombre a su imagen y semejanza: llamándolo a la existencia *por amor*, lo ha llamado al mismo tiempo *al amor*. Dios es amor y vive en sí mismo un misterio de comunión personal de amor. Creándola a su imagen y conservándola continuamente en el ser, Dios inscribe en la humanidad del hombre y de la mujer la vocación y consiguientemente la capacidad y la responsabilidad del amor y de la comunión. El amor es por tanto la vocación fundamental e innata de todo ser humano.[16]

El amor de Dios nunca deja de convocarnos. No podemos renunciar a esta invitación. Hemos sido creados a imagen de Dios y, a pesar de la realidad del pecado humano, no se puede borrar la vocación implícita de nuestra creación.

19. Las visiones católicas sobre el matrimonio, la familia y la sexualidad pertenecen a una misión más grande de vivir de una manera que haga visible y radiante el amor de Dios; vivir esta misión aviva la vida cotidiana con la alegría de Dios. La persona humana en su totalidad —cuerpo y alma, nuestra masculinidad y nuestra femineidad, y todo lo que proviene de cada una— está incluida en la invitación de Dios. El subtítulo de este Encuentro Mundial de las Familias es "La familia plenamente viva", y por una buena razón. La familia está más plenamente viva cuando aceptamos la invitación de Dios para ser los hijos y las hijas que quería que fuéramos al crearnos.

20. *Nuestra era es un tiempo confuso e incierto. Jesucristo es un pilar confiable. La dignidad humana descansa segura en Jesús, Dios hecho hombre. Jesús revela quién es Dios y quiénes somos nosotros. En Jesús, encontramos a Dios, quien tiende su mano a todos nosotros, que crea la comunión y nos invita a participar de su gozo. Estamos hechos a imagen de Dios y estamos llamados a la comunión con Él y con los demás. Este amor ofrece un propósito y da forma a todos los aspectos de la vida humana, incluida la familia.*

PREGUNTAS PARA COMENTAR ⎯⎯⎯⎯⎯⎯⎯⎯⎯

a) ¿Qué tiene Jesús que hace que sea confiable?

b) ¿Qué cosas de su vida lo distraen de Jesús? ¿Qué lo ayudaría a familiarizarse o a acercarse más a Él?

c) ¿Qué significa ser "creado a imagen de Dios"? ¿Es posible comprender la identidad humana sin Dios? ¿Por qué?

d) El tema de esta catequesis es "El amor es nuestra misión". ¿Qué significa el "amor" en su vida? ¿Cómo una misión para amar afectaría sus elecciones, sus prioridades y sus ambiciones?

La Sagrada Familia /© Vie de Jesus Mafa / www.jesusmafa.com

II. LA MISIÓN DEL AMOR

Dios obra a través de nosotros. Nosotros tenemos una misión. Estamos en el mundo con un propósito: recibir el amor de Dios y demostrar el amor de Dios a los demás. Dios busca sanar un universo quebrantado. Nos pide que seamos sus testigos y ayudantes en esa obra.

La Sagrada Escritura da contenido y forma al significado del amor

21. La historia comienza cuando fuimos creados a imagen de Dios. En la historia, Dios convoca y forma a un pueblo. Él hace una alianza con nosotros, primero a través de Israel y luego a través de Cristo y la Iglesia. En esta relación, Dios nos enseña a amar como Él ama.

22. En otras palabras, por haber sido creados para la comunión, aprendemos que el amor es nuestra misión. El don de nuestra existencia precede y da forma a lo que hacemos y la manera en que vivimos. En síntesis, "el modo de amar de Dios se convierte en la medida del amor humano".[17]

23. Vivir de esta manera requiere humildad. Requiere que conformemos nuestro corazón a Dios y que veamos el mundo a través de sus ojos. El modo de Dios es mejor, pero no siempre es el más fácil.

24. La Biblia está llena de imágenes del amor de Dios. Dios es un padre que da la bienvenida al hijo pródigo y le hace una fiesta (Lucas 15, 11-32). Dios es un pastor que busca a su oveja perdida (Lucas 15, 3-7). Dios es una madre que consuela a sus hijos (Isaías 66, 13). Dios es un

amigo que sacrifica su vida por los demás y llora cuando sus amigos sufren (Juan 11, 35). Dios es un maestro, que nos enseña a amarnos y a servirnos mutuamente como prójimos (Mateo 22, 39). Dios es un labrador, que nos cuida hasta que demos buen fruto (Juan 15, 1). Dios es un rey que nos invita al banquete de bodas de su hijo (Mateo 22, 1-14). Dios oye los gritos de un ciego y se detiene para preguntar: ¿qué quieres que haga por ti? (Marcos 10, 46-52). Dios es acogedor, está lleno de compasión por su pueblo y cuando tiene hambre, le ofrece alimento (Mateo 14, 13-21),[18] y se ofrece a sí mismo (Mateo 26, 26).

El matrimonio es una imagen bíblica fundamental para el amor de Dios

25. Todas estas imágenes y muchas otras nos ayudan a ver la profundidad del amor de Dios. Resaltan el tipo de amor del que estamos llamados a dar testimonio en nuestra vida. Pero, como observó el Papa Benedicto XVI, una imagen clave nos ofrece el contexto para todas las demás:

> "Dios ama a su pueblo". En efecto, la revelación bíblica es ante todo expresión de una historia de amor, la historia de la alianza de Dios con los hombres. He aquí por qué la historia del amor y de la unión entre un hombre y una mujer en la alianza del matrimonio fue asumida por Dios como símbolo de la historia de la salvación.[19]

26. La simbología del matrimonio es fundamental para describir la alianza de Dios con Israel y, más tarde, su alianza con la Iglesia. Como enseñó el Papa Benedicto XVI, "El matrimonio basado en un amor exclusivo y definitivo se convierte en el ícono de la relación de Dios con su pueblo y, viceversa".[20] La alianza de Dios es un tema central de la Sagrada Escritura, y el matrimonio es la metáfora privilegiada de la Biblia que describe la relación de Dios con la humanidad. En este mismo sentido, cuando era arzobispo de Munich, el Papa Benedicto XVI había explicado:

Podemos decir que Dios creó el universo para involucrarse en una historia de amor con la humanidad. Lo creó para que pudiera existir el amor. Detrás de esto se encuentran las palabras de Israel que llevan directamente al Nuevo Testamento. ... Dios creó el universo para poder convertirse en un ser humano y derramar su amor sobre nosotros y para invitarnos, a cambio, a amarlo.[21]

27. Esta simbología marital empieza en el Antiguo Testamento. Aquí aprendemos que Dios nos ama íntimamente, con ternura y anhelo. "Los profetas Oseas y Ezequiel, sobre todo, han descrito esta pasión de Dios por su pueblo con imágenes eróticas audaces."[22] En Oseas, Dios promete "conquistar" a Israel, le hablará "a su corazón", hasta que ella responda "como cuando era joven" y que me diga "marido mío" (Oseas 2, 14-16). En Ezequiel, Dios habla a Israel con imágenes sensuales: "Eché sobre ti mi manto, cubrí tu desnudez y te hice un juramento. Hice una alianza contigo, palabra de Yavé y tú pasaste a ser mía. Te bañé con agua ... y te perfumé con aceite ... Y quedaste magnífica: un día fuiste la reina"[23] (Ezequiel 16, 8-13, LBL). Encontramos un lenguaje similar en Isaías,[24] Jeremías,[25] y los Salmos.[26] El Cantar de los Cantares ha desencadenado también siglos de sermones que usan al matrimonio para explicar la intensidad del amor de Dios por su pueblo.

La Biblia no es sentimental con respecto al amor marital

28. El matrimonio entre Dios y su pueblo puede ser inestable. "La relación de Dios con Israel es ilustrada con la metáfora del noviazgo y del matrimonio", de modo que cuando el pueblo de Dios peca, nuestra rebeldía se vuelve una suerte de "adulterio y prostitución".[27] En Oseas, el amor de Dios por Israel lo pone en la posición de un esposo traicionado con una esposa infiel. Como Dios le dice a Oseas: "Vuelve a querer de nuevo a una mujer adúltera que hace el amor con otros, así como Yavé ama a los hijos de Israel a pesar de que lo han dejado por otros dioses" (Oseas 3, 1, LBL).

29. Cuando el pueblo de Dios olvida sus mandatos, descuida a los pobres que viven en él, busca seguridad en potencias extranjeras o se vuelve a dioses falsos; entonces el adulterio y la prostitución son las palabras correctas para mencionar su infidelidad.[28]

30. Sin embargo, Dios se mantiene firme. En una reflexión reciente sobre Ezequiel 16, el Papa Francisco observó cómo habla Dios con palabras de amor, aun cuando Israel es infiel.[29] Israel peca. Israel olvida. Israel se prostituye, siguiendo a dioses falsos. Pero Dios no abandonará a su pueblo de la alianza. El arrepentimiento y el perdón son siempre posibles. La misericordia de Dios significa que Él busca el bien de Israel aun cuando huya de Él. "Sí, Yavé te llama como a la esposa abandonada, que se encuentra afligida. ¿Se puede rechazar la esposa que uno toma siendo joven?, dice tu Dios. Te había abandonado un momento, pero con inmensa piedad yo te vengo a reunir ... pero con un amor que no tiene fin me apiado de ti" (Isaías 54, 6-8, LBL). Dios persevera en el amor por su pueblo, aun cuando caigamos, aun cuando insistamos en tratar de vivir sin Él.

31. Del mismo modo, el amor cristiano implica mucho más que emoción. Incluye lo erótico y lo afectivo, pero también es una elección. El amor es una misión que recibimos, una disposición que aceptamos, una convocatoria a la que nos entregamos. Esta clase de amor tiene dimensiones que descubrimos a medida que cedemos. Esta clase de amor busca y sigue a Dios, cuya fidelidad a la alianza enseña lo qué es el amor. Dios nunca descarta a Israel por una compañera más atractiva. Tampoco se desalienta con el rechazo. Nunca es caprichoso. Solo desea lo mejor, el bien máximo y verdadero para su pueblo. Y mientras su amor por Israel se apasiona con el deseo —nadie que lea a los profetas puede negarlo—, este aspecto "erótico" del amor divino está siempre impregnado con la fidelidad de Dios ofrecida en sacrificio.[30] El *eros* de Dios se integra siempre con su compasión y su paciencia.

Matrimonio, amor y el sacrificio de Cristo en la cruz

32. El amor de Dios está captado vivamente en Efesios 5, donde San Pablo extiende la analogía del matrimonio a Cristo y la Iglesia.[31] Pablo urge a los esposos a que "expresen su respeto a Cristo siendo sumisos los unos a los otros" (Efesios 5, 21). El matrimonio cristiano no es, por consiguiente, una negociación por los derechos y las responsabilidades, sino una descripción de una entrega mutua. Es mucho más radical que el simple igualitarismo. Pablo escribe que "el hombre es cabeza de la mujer, como Cristo es cabeza de la Iglesia" (Efesios 5, 23, LBL). Pero, ¿qué significa esto en contexto y en la práctica? Pablo llama a los maridos a un amor de entrega de sí mismos que refleje el sacrificio de Cristo en la cruz. Socavando el machismo y la explotación, y en profundo contraste con los demás códigos domésticos del mundo antiguo, Pablo enseña una dinámica en la imagen de Dios: "Maridos, amen a sus esposas como Cristo amó a la Iglesia y se entregó a sí mismo por ella" (Efesios 5, 25, LBL). Valiéndose de Efesios 5, la Iglesia habla del matrimonio como un Sacramento y convoca a las parejas a este tipo de comunión cruciforme de sacrificio personal.

33. Jesús permite que los cristianos hablen con confianza acerca del amor de Dios. Este abre la alianza de Dios a todas las personas, completando la historia de Israel como un relato universal de redención. Jesús encarna el amor dador de vida porque es, literalmente, la Palabra de Dios hecha carne. Él ama a la Iglesia como su esposa, y este amor desinteresado —probado con sangre en la cruz— establece el modelo para el tipo de amor y servicio mutuos, necesarios dentro de cada matrimonio y familia cristianos.

34. Como lo enseñó el Papa Benedicto XVI: "Poner la mirada en el costado traspasado de Cristo ... ayuda a comprender [que] "Dios es amor". Es allí, en la cruz, donde puede contemplarse esta verdad. Y a partir de allí se debe definir ahora qué es el amor. Y, desde esa mirada, el cristiano encuentra la orientación de su vivir y de su amar".[32]

35. Hoy, para muchos, el "amor" es poco más que un sentimiento cariñoso o una atracción física. Estas cosas tienen su lugar. Pero el amor real —el amor que dura y se profundiza, y satisface el corazón humano a lo largo de la vida— crece a partir de lo que damos a los demás, no de lo que tomamos para nosotros mismos. El Señor Jesucristo murió en una cruz por nuestra salvación. Este tipo de capacidad radical y liberadora, de abandonar nuestras prerrogativas y de entregarnos a los demás, es el hilo que une toda enseñanza católica sobre el matrimonio y la familia. La auténtica enseñanza católica sobre el matrimonio y la familia separa el amor verdadero de todo lo falso.

36. *La Sagrada Escritura tiene muchas formas complementarias y superpuestas de describir el amor de Dios, pero el matrimonio está en primer lugar. La alianza entre Dios y su pueblo —primero Israel y luego la Iglesia— es como un matrimonio. Este matrimonio no siempre es fácil, pero el pecado humano nunca tiene la última palabra. La fidelidad de Dios revela cómo son el amor verdadero y la fidelidad. Jesucristo, que nos da a todos la bienvenida a la membresía en la familia de Dios, nos da una nueva e inesperada definición del amor, brindándonos posibilidades nuevas para vivir.*

PREGUNTAS PARA COMENTAR ——————————

a) ¿Por qué es el amor de Dios como un matrimonio?

b) ¿En qué se diferencia la manera de amar de Dios de nuestra manera humana de amar?

c) ¿Qué es el amor verdadero y cómo lo reconocemos? ¿En que se parece y en qué se diferencia la noción de su cultura acerca del amor romántico y el amor de la alianza de Dios?

d) ¿Puede recordar alguna ocasión en que el amor de Dios lo haya ayudado a amar de manera más honesta y mejor?

La Creación, Dios presenta a Adán y a Eva, Jean Fouquet, c. 1470 / Bibliotheque Nationale, París, Francia / Bridgeman Images

III. EL SIGNIFICADO DE LA SEXUALIDAD HUMANA

El mundo tangible, terrenal y corpóreo es más que materia inerte o arcilla de modelar para la voluntad humana. La creación es sagrada. Esta tiene un significado sacramental. La creación refleja la gloria de Dios. Eso incluye nuestro cuerpo. Nuestra sexualidad tiene el poder de procrear y participa en la dignidad de ser creados a imagen de Dios. Tenemos que vivir según este principio.

El mundo físico natural rebosa de bondad espiritual

37. La fe católica ha sido siempre una religión fuertemente "física". La Biblia empieza en un jardín y termina con una fiesta.[33] Dios hizo el mundo, vio que era bueno y así pasó a la historia. Jesucristo, el Hijo de Dios, se hizo carne y se convirtió en uno de nosotros. En los Sacramentos, se consagran los objetos materiales y se los hace signos visibles de la gracia. El pan y el vino comunes, el agua, el aceite y el contacto de las manos humanas son maneras tangibles en las que la presencia de Dios se hace efectiva y real.

38. Creemos en las obras de misericordia corporales. Cuando damos de comer al hambriento, damos de beber al sediento, vestimos al desnudo, damos posada al peregrino, atendemos al que está enfermo, visitamos al encarcelado o enterramos a los muertos, en realidad atendemos a Jesús (Mateo 25, 25-40). Confiamos en la bondad de la creación de Dios (Génesis 1, 4-31). Esta confianza penetra en la imaginación católica. Se hace visible en nuestro arte y nuestra arquitectura, en el

ritmo de las celebraciones y ayunos de nuestro calendario litúrgico, y en las devociones y los sacramentales populares.

La sexualidad masculina y la femenina participan de nuestro propósito espiritual

39. La creación material tiene un significado espiritual, que a su vez tiene un efecto en la manera en que vivimos como hombre y mujer. Nuestra sexualidad tiene un propósito. Nuestro cuerpo no es simplemente un cascarón para el alma o una máquina sensorial para el cerebro. Tampoco es materia prima de la que podemos abusar libremente o a la que podemos reprogramar. Para los cristianos, el cuerpo y el espíritu están profundamente integrados. Cada ser humano es una unidad de cuerpo y alma. Santa Hildegarda de Bingen escribió que "el cuerpo, sin embargo, es el edificio del alma, que trabaja en él según su sensibilidad, como el agua que mueve la rueda del molino".[34] El cuerpo tiene una dignidad innata como parte de la creación de Dios. Es una parte íntima de nuestra identidad y de nuestro destino eterno. Literalmente, los dos sexos encarnan el designio de Dios de interdependencia humana, comunidad y apertura a una vida nueva. No podemos denigrar el cuerpo ni abusar de él sin que le cueste al espíritu.

40. Por supuesto, no siempre amamos como deberíamos. El sexo es un factor excepcionalmente poderoso en los asuntos humanos, tanto para el bien como para el mal. Y, por lo tanto, la sexualidad desordenada o usada incorrectamente ha sido siempre una fuente principal de confusión y pecado. El deseo sexual y el conocimiento de sí mismo pueden ser complejos y no se interpretan a sí mismos. Nuestra identidad se revela en Jesús y en el plan de Dios para nuestra vida, y no en aserciones personales caídas.

41. El matrimonio existe porque la procreación y la comunión, la biología y la alianza de Dios, la naturaleza y la sobre-naturaleza, apoyan juntas lo que significa ser "humano". El matrimonio existe porque

descubrimos y aceptamos, antes que inventar o renegociar, la vocación de entrega de uno mismo, intrínseca al ser creado hombre y mujer bajo la alianza. El matrimonio es creación de Dios porque somos criaturas de Dios y porque Él creó al hombre y a la mujer para que se hermanen con Él en su alianza.

42. Nuestro origen tiene dos sexos diferentes y complementarios, y nuestra llamada al amor, a la comunión y a la vida[35] son una y el mismo momento. En palabras del Papa Francisco: "Esta es la historia del amor. Esta es la historia de la obra maestra de la creación".[36]

43. Este llamado al amor, a la comunión y a la vida involucra todo el ser del hombre y de la mujer, el cuerpo y el alma. La persona humana es, simultáneamente, un ser físico y espiritual.[37] El cuerpo, en cierto sentido, revela a la persona.[38] Como resultado, la sexualidad humana nunca es simplemente funcional. La diferencia sexual, visible en el cuerpo, contribuye directamente con el carácter esponsal [sic] del cuerpo y la capacidad de la persona para amar.[39] En el centro de este llamado a amar se encuentra esta convocatoria de Dios: "sean fecundos y multiplíquense" (Génesis 1, 28, LBL). Por consiguiente, la unión conyugal de una pareja a través del cuerpo, por su misma naturaleza, es también un llamado a vivir como padre y madre.[40]

44. Por una buena razón, oímos placer en las palabras de Adán al ver por primera vez a Eva: "Esta sí es hueso de mis huesos y carne de mi carne" (Génesis 2, 23, LBL). El *Catecismo de la Iglesia Católica* nota que, desde el principio, "[e]l hombre descubre en la mujer como un otro 'yo', de la misma humanidad".[41] El hombre y la mujer comparten una dignidad igual, que proviene de Dios, su Creador. En el plan de Dios, tanto la semejanza como la otredad del hombre y la mujer coinciden en su complementariedad sexual como masculino y femenino. Creados juntos (Génesis 1, 26-27), el hombre y la mujer son creados el uno *para* el otro.[42] La diferencia sexual es un recordatorio primordial de que estamos hechos para entregarnos a los demás guiados por la virtud y el amor de Dios.

45. San Juan Pablo II hablaba frecuentemente acerca del "significado 'esponsalicio' del cuerpo".[43] Repetía la enseñanza del Vaticano II de que "[e]sta sociedad de hombre y mujer es la expresión primera de la comunión de personas humanas".[44] Pero la diferencia sexual marca todas nuestras relaciones, incluso para los solteros, ya que cada uno entra en la vida como hijo o hija. Estamos llamados a ser hermano o hermana no solo de nuestros familiares, sino también de los necesitados de nuestro vecindario, nuestra comunidad y nuestra iglesia. Nuestra identidad como hombres y mujeres es el fundamento de nuestro llamado a la paternidad o a la maternidad, natural o espiritual. De esta manera, la diferencia sexual tiene una importancia universal.

46. Debido a que es un componente central de nuestra identidad, la sexualidad no se puede aislar del significado de la persona humana. El sexo nunca es simplemente un impulso físico o emocional. Siempre implica más. El deseo sexual muestra que nunca somos autosuficientes. Anhelamos la intimidad con otros. La relación sexual, sin importar lo "casual" que sea, nunca es simplemente un acto biológico. De hecho, la intimidad sexual es siempre, en cierto sentido, conyugal, porque crea un vínculo humano, sin importar lo involuntario que sea. Un acto conyugal correctamente ordenado nunca es simplemente una mirada introspectiva, un acto erótico autónomo. Nuestra sexualidad es personal e íntima, pero siempre con una dimensión y una consecuencia sociales. Un matrimonio sacramental nunca es una posesión privada, sino que se descubre a sí mismo en relación con la alianza más amplia de Dios.

Tenemos una ética sexual porque el sexo tiene una importancia espiritual

47. Dos vocaciones diferentes le hacen justicia al llamado del ser masculino y femenino en el plan de Dios: el matrimonio y el celibato. Estas dos disciplinas convergen en la premisa compartida de que la intimidad sexual entre un hombre y una mujer pertenece y florece en el contexto de una alianza. El celibato es la manera en que las personas solteras confirman la verdad y la belleza del matrimonio. Tanto el

celibato como el matrimonio se abstienen de actos sexuales que usan a los demás en formas condicionales o temporales. La auténtica abstinencia célibe no es, ciertamente, un desdén por el sexo, sino que honra al sexo insistiendo en que la intimidad sexual sirve a la alianza y es servida por ella. Al vivir en la luz de la alianza, tanto las parejas casadas como los célibes ofrecen su sexualidad a la comunidad, para la creación de una sociedad que no se base en la concupiscencia y la explotación.

48. Los siguientes tres capítulos tratarán con más detalle el matrimonio (capítulos cuatro y cinco) y el celibato (capítulo seis). Pero ambas maneras de vivir están enraizadas en la convocatoria de Dios a vivir la masculinidad y la femineidad de maneras abnegadas y generosas. Ambas maneras de vivir miran la alianza de Dios y reciben el hecho de ser creados como hombre y mujer, como ocasiones de alegría. La disciplina que imponemos a nuestro amor —la disciplina de la alianza— a veces se siente como una carga. Pero, precisamente, esta disciplina honra y revela el verdadero significado del amor creado a imagen de Dios.

49. Nuestra creación como hombres y mujeres a imagen de Dios es la razón por la que estamos llamados a la virtud de la castidad. La castidad se expresa de maneras diferentes, según estemos casados o no. Pero para todos, la castidad implicar negarse a usar nuestro propio cuerpo o el de otras personas como objetos para el consumo. La castidad es el hábito, ya sea que estemos casados o no, de vivir nuestra sexualidad con dignidad y gracia a la luz de los mandamientos de Dios. Lo opuesto a la castidad es la lujuria. La lujuria implica mirar a los demás de manera utilitaria, como si el cuerpo del otro existiera simplemente para satisfacer un apetito. La verdadera castidad "no conduce ... al desprecio del cuerpo", pero ve al cuerpo en las dimensiones enteras de la condición humana.[45] La castidad es un gran "sí" a la verdad de la humanidad creada a imagen de Dios y llamada a vivir en la alianza.

50. Una vez entendido esto, la castidad es algo que todos están llamados a practicar. "Todo bautizado es llamado a la castidad ... Las personas casadas son llamadas a vivir la castidad conyugal; las otras

practican la castidad en la continencia."[46] El amor conyugal casto sitúa al eros en el contexto del amor, el cuidado, la fidelidad y la franqueza con los niños. El celibato casto, a través de su continencia, concuerda con que la intimidad sexual pertenece al contexto del amor, el cuidado y la fidelidad.

51. Las raíces de esta enseñanza cristiana son antiguas. Como escribió San Ambrosio en el siglo iv, "[s]e nos enseña que hay tres formas de la virtud de la castidad: una de los esposos, otra de las viudas, la tercera de la virginidad. No alabamos a una con exclusión de las otras.... En esto la disciplina de la Iglesia es rica".[47]

52. La manera de vivir esta enseñanza concretamente a través del matrimonio o el celibato, y en las circunstancias actuales que a veces son difíciles, es una tarea que nos guiará en lo que resta de esta catequesis.

53. *Dios creó todo el mundo material por amor a nosotros. Todo lo que podemos ver y tocar, incluso nuestro cuerpo masculino y el femenino, se creó por el bien de la alianza de Dios. No siempre amamos como deberíamos, pero el patrón de amor de Dios nos protege y nos llama de vuelta a nuestra verdadera naturaleza. El matrimonio y el celibato son las dos maneras de estar juntos como hombre o mujer a la luz de la alianza de Dios y, por estas razones, tanto el matrimonio como el celibato se consideran maneras castas de vivir.*

PREGUNTAS PARA COMENTAR————————————

a) ¿Por qué los católicos disfrutan y valoran tanto el mundo físico y tangible? Piense en algo hermoso, como la naturaleza, los cuerpos, el alimento o el arte; ¿por qué son estas cosas tan importantes en la tradición católica?

b) ¿Cuál es el propósito de la creación? ¿Es el mundo físico una página en blanco, que somos libres de manejar y explotar de acuerdo con nuestros propios deseos?

c) Cosas como el descanso, la comida, el placer y la belleza son atractivas. Pero, a veces, hemos sentido profundamente deseos y apetitos que van más allá de lo que es bueno para nosotros. ¿Cómo sabemos cuando un deseo está legitimado y es bueno? ¿Cómo podemos estimar la creación y nuestro cuerpo, y disfrutar de ellos, en la vida cotidiana?

d) ¿Por qué cree que la práctica católica incluye tradicionalmente celebraciones y ayunos? ¿Y celibato y matrimonio?

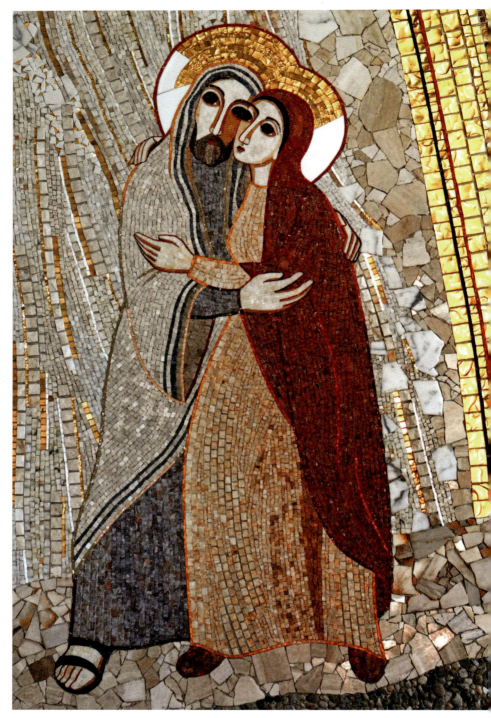

San Joaquín y Santa Ana, mosaico del Padre Marko Rupnik, 2008 / Capilla del Espíritu Santo en Sacred Heart University, Fairfield, Connecticut

IV. DOS QUE PASAN A SER UNO

No fuimos creados para estar solos. Los seres humanos se necesitan y se completan mutuamente. La amistad y la comunidad satisfacen ese anhelo con vínculos de amor y de intereses comunes. El matrimonio es una forma de amistad particularmente íntima que llama a un hombre y a una mujer a amarse de manera comparable a la alianza de Dios. El matrimonio es un Sacramento. El amor del matrimonio es fructífero y se ofrece sin reservas. Este amor existe a imagen de la fidelidad de Jesús a la Iglesia.

La virtud, el amor y la bondad nos ayudan a cumplir nuestro destino

54. Se suelen elegir los versículos 1.ª Corintios 13, 4-7 para las bodas cristianas: "El amor es paciente y muestra comprensión. El amor no tiene celos, no aparenta ni se infla. No actúa con bajeza ni busca su propio interés, no se deja llevar por la ira y olvida lo malo. No se alegra de lo injusto, sino que se goza en la verdad. Perdura a pesar de todo, lo cree todo, lo espera todo y lo soporta todo". (LBL)

55. El texto es bello. Por haber sido creados a imagen de Dios, amar de este modo es coherente con nuestra verdadera naturaleza humana. Pero amar así nunca es fácil. Requiere humildad y paciencia. Como dijo el Papa Francisco recientemente: "La fe no es un refugio para gente pusilánime".[48] El amor conyugal debe construirse sobre algo más que el romance. El romance es maravilloso, pero solo no puede sobrevivir a las preocupaciones y los desafíos inevitables que se les presentan a todos los matrimonios. Para ser lo que somos, para amar en la manera

en que fuimos creados para amar, son necesarias ciertas virtudes. Debemos estar alertas a estas virtudes y cultivarlas, para cumplir nuestro destino.

56. La "Teología del Cuerpo", de San Pablo II, habla de cierta "libertad interior" y "autodominio" que necesitan tener los esposos para verdaderamente darse el don de sí mismos al otro.[49] Una persona demasiado atada a las expectativas románticas, sin el fermento de la libertad interior y la capacidad de donación propia, carecerá de flexibilidad. Para vivir la sacramentalidad del matrimonio y seguir el camino de la alianza, los esposos necesitan la capacidad de superar el resentimiento, dejar a un lado los derechos y avanzar en la generosidad. Sin esta libertad y poder interior, surgen serios problemas porque la vida pone a los esposos en situaciones que, con frecuencia, no son nada románticas.

57. Ningún matrimonio fundado en la mera atracción sexual perdura. Las parejas eróticas centradas sobre todo en la posesión mutua no tienen la habilidad interior para dar un paso atrás y hacer lugar a la autocrítica, la reconciliación y el crecimiento. La promesa matrimonial de amar incondicionalmente como ama Dios ayuda, de verdad, a crear y proteger este espacio vital. El compromiso sacramental de realizar la obra del amor, aun cuando amar sea difícil, es un ingrediente esencial de la alianza de Dios.

El amor genuino establece un compromiso

58. Ningún mortal puede satisfacer todos nuestros anhelos. La verdadera unión matrimonial se basa en la alianza de Dios, una alianza que admite el deseo erótico, pero que compromete aun más fundamentalmente a hombres y mujeres mutuamente ante la enfermedad y la salud, la riqueza y la pobreza. El matrimonio cristiano no es una prueba romántica ni "algo pasajero" con condiciones.[50] La llamada "unión a prueba", un intento de vivir íntima pero hipotéticamente, para poner a prueba la relación y continuarla solo mientras dure el romance, es un

contrasentido.[51] El Papa Francisco recientemente trató este punto en un discurso público:

> "¿Pero vosotros sabéis que el matrimonio es para toda la vida?". "Ah, nosotros nos queremos mucho, pero... estaremos juntos mientras dure el amor. Cuando acabe, uno por un lado, el otro por otro". Es el egoísmo: cuando yo no siento, corto el matrimonio y me olvido de ese "una sola carne", que no puede dividirse. Es arriesgado casarse: ¡es arriesgado! Es ese egoísmo el que nos amenaza, porque dentro de nosotros todos tenemos la posibilidad de una doble personalidad: la que dice: "Yo, libre, yo quiero esto...", y la otra que dice: "Yo, mi, me, conmigo, para mí...". El egoísmo siempre, que vuelve y no sabe abrirse a los demás.[52]

En un mundo posmoderno donde la confianza es escasa, el matrimonio parece abrumador. Tememos llegar a estar atados a la persona equivocada. En un mundo globalizado, donde la ansiedad por la economía está, con frecuencia, bien fundada, también podemos preocuparnos por que todos los desafíos y dudas de la vida sobre la seguridad financiera o económica estén resueltos y terminados antes de poder amar como Jesús hizo.

59. En respuesta a todas las posibles preocupaciones y temores, la Iglesia ofrece a Jesús los Sacramentos y el apoyo de sus propios miembros en comunión mutua, con la seguridad de que, para todos sus desafíos, el camino del amor cristiano es posible y revelará nuestra verdadera naturaleza. La Iglesia promete a sus hijos e hijas que el matrimonio es un Sacramento, que el vínculo y la práctica del matrimonio católico hacen que mantener la gracia sea algo real, presente y eficaz. En respuesta a nuestros miedos y ansiedades, la Iglesia insiste que, prometer amor en la manera de la alianza, no es un compromiso hipotético propio de los santos míticos que son perfectos, sino un compromiso real y posible para verdaderos pecadores que siguen el camino. Como dice el Papa Francisco, "el sacramento del matrimonio ... se realiza en la sencillez y

también en la fragilidad de la condición humana. Sabemos bien cuántas dificultades y pruebas tiene la vida de dos esposos... Lo importante es mantener viva la relación con Dios, que es el fundamento del vínculo conyugal."[53]

60. Amar de este modo no es algo que podamos posponer diciendo que lo intentaremos cuando hayamos resuelto ciertas cuestiones prácticas; en cambio, los asuntos prácticos de la vida se encaran de forma adecuada solo cuando amamos de este modo. Amar de este modo no es un ideal de un horizonte inalcanzable; en cambio, amar de este modo es algo que elegimos hacer en la vida diaria, empezando aquí y ahora, en medio de las presiones cotidianas. Como el Papa Francisco enseñó en otra ocasión:

El matrimonio es también un trabajo de todos los días, podría decir un trabajo artesanal, un trabajo de orfebrería, porque el marido tiene la tarea de hacer más mujer a su esposa y la esposa tiene la tarea de hacer más hombre a su marido. Crecer también en humanidad, como hombre y como mujer. Y esto se hace entre vosotros. Esto se llama crecer juntos. Esto no viene del aire. El Señor lo bendice, pero viene de vuestras manos, de vuestras actitudes, del modo de vivir, del modo de amaros. ¡Hacernos crecer! Siempre hacer lo posible para que el otro crezca.[54]

El Papa Francisco reconoce que muchas personas podrían tenerle miedo a tal desafío; muchas podrían evitar el matrimonio por escepticismo o temor:

Muchas personas hoy tienen miedo de hacer opciones definitivas. ... Hacer opciones para toda la vida, parece imposible. ... Y esta mentalidad lleva a muchos que se preparan para el matrimonio a decir: "estamos juntos hasta que dura el amor"... ¿Pero qué entendemos por "amor"? ¿Sólo un sentimiento, un estado psicofísico? Cierto, si es esto, no se puede construir sobre ello algo sólido. Pero si en cambio el amor es una relación, entonces es una realidad que crece, y podemos incluso decir, a modo de ejemplo, que se construye como una casa. Y la casa se construye juntos, no solos. ... No queréis fundarla en la arena de los sentimientos que van y vienen, sino en la roca del amor auténtico, el amor que viene de Dios. ... Por favor, no debemos dejarnos vencer por la "cultura de lo provisional". ... [Este miedo del "para siempre" se] cura día a día, encomendándose al Señor Jesús en una vida que se convierte en un camino espiritual cotidiano, construido por pasos, pasos pequeños, pasos de crecimiento común...[55]

Los buenos matrimonios se construyen sobre las virtudes, en especial, la misericordia y la castidad

61. Las parejas que quieren construir su matrimonio sobre las rocas cultivarán ciertas virtudes. El *Catecismo de la Iglesia Católica* promete que, mediante el Sacramento del Matrimonio, Cristo permanece en la pareja, ayuda a los esposos a cargar su cruz, a "levantarse después de sus caídas", a perdonarse y llevar las cargas unos a otros.[56] El Papa Francisco se refiere brevemente a esto cuando dice que "vivir juntos es un arte ... que se [puede] resumir en estas tres palabras ... : permiso, o sea 'puedo', ... gracias y perdón".[57] Aprender a decir estas cosas puede ser difícil. Pero, cuando faltan estas palabras, los matrimonios pueden hacerse muy dolorosos rápidamente.

62. Para que un matrimonio crezca, son necesarias y relevantes todas las virtudes cardinales (prudencia, templanza, justicia, fortaleza) y las virtudes teológicas (fe, esperanza y amor). La castidad, en particular, es la semilla de la cual crecen los matrimonios sólidos. Para entrenar nuestro corazón para el matrimonio, necesitamos el ejercicio de la libertad interior, el ejercicio de ver nuestra sexualidad en el contexto de comunión y santidad de la mutua humanidad. La castidad forma buenos hábitos de abnegación personal y autocontrol, que son requisitos para tratar a los demás con misericordia. Las fantasías conyugales,

ausentes en el corazón casto, son un comienzo pobre para el largo camino de la misericordia.

63. La unión matrimonial real también depende de la misericordia, una cualidad que aprendemos de Jesús y que vemos en toda la alianza de Dios. En la liturgia, rezamos "Señor, ten piedad". Jesús nos da su piedad para que podamos ser misericordiosos.

64. La misericordia crece cuando amamos como Cristo nos mostró. La "gracia del Matrimonio cristiano es un fruto de la Cruz de Cristo, fuente de toda la vida cristiana".[58] Los católicos creen que "actúa Cristo mismo" en cada uno de los siete Sacramentos y que el Espíritu Santo es un fuego en los Sacramentos que "transforma en vida divina" todo lo que toca.[59] En el Sacramento del Matrimonio, se hace visible la alianza de Dios, se comunica y se comparte la gracia de la alianza.[60] En el Sacramento del Matrimonio, la alianza de Dios entra a nuestro hogar y se convierte en el cimiento de nuestra familia.

65. El matrimonio cristiano es un asunto de entrega mutua. Y, por supuesto, existen alternativas, otros modelos de matrimonio en la sociedad en general. Pero llegar al grado en el que el "matrimonio" es un premio que nos permitimos y una pareja solo después de una larga secuencia de pruebas eróticas, o al punto en que es un contrato, una división de derechos entre individuos para proteger su propia autonomía, es sembrar las semillas de la desilusión y del conflicto. El erotismo experimentará altibajos, y un marco de disputa de derechos no es terreno fértil para la misericordia.

66. A lo largo de los siglos, los seres humanos se han casado por innumerables razones, algunas de ellas ennoblecedoras, algunas pragmáticas. En el matrimonio sacramental, la Iglesia nos ofrece cobijo, gracia y aprendizaje diario en la naturaleza del amor de Dios. Los votos matrimoniales de la Iglesia recuerdan constantemente los mejores sentimientos de los esposos, y colocan al matrimonio en relación a los demás sacramentos, en especial el de la Penitencia y el de la Eucaristía.

Esta economía sacramental ubica la reconciliación y la fidelidad en los cimientos de la vida conyugal y, al hacerlo, fomenta y protege la verdadera comunión entre los sexos. Para los hombres y las mujeres de la época posmoderna, que no saben en qué ni en quién pueden confiar, tal aventura parece riesgosa. Pero la Iglesia, que conoce el corazón humano mejor de lo que nos conocemos a nosotros mismos, también sabe quién es Jesús: es el Señor, es confiable y su camino de amor es, en definitiva, el único camino.

67. *Jesús crea una nueva posibilidad para nosotros, una visión del matrimonio basada en su alianza con la Iglesia, un matrimonio basado en la permanencia, la castidad y la misericordia perpetuas. Podemos ver que este matrimonio sacramental, que se integra en la totalidad de la vida cristiana, para cultivar las virtudes del amor, la libertad interior, la fidelidad, la misericordia y el perdón, es un proyecto de toda la vida que se construye sobre los hábitos de oración, de participación en los Sacramentos y conocimiento de la historia de la alianza de Dios. El Señor sabe que no todos los matrimonios manifiestan todas las virtudes todo el tiempo, pero, gracias a su misericordia, nos da la Penitencia y la Eucaristía, para que podamos crecer en nuestra capacidad de amar como Jesús lo hace. Orientar nuestra vida de este modo demanda sacrificio, pero, al final, esta vida es bella. Jesús es el camino de la verdad y de la alegría.*

PREGUNTAS PARA COMENTAR ————————————

a) ¿Qué es la espiritualidad católica del matrimonio? ¿Qué pueden hacer las familias para celebrar y proteger el matrimonio cristiano?

b) Si el matrimonio es un sacramento, ¿qué consecuencias tiene esto para el noviazgo? ¿Qué cualidades deberíamos buscar en un posible cónyuge?

c) ¿Cómo se relacionan los Sacramentos de la Penitencia y de la Eucaristía con el Sacramento del Matrimonio?

d) En el Padre Nuestro, decimos: "perdona nuestras ofensas, como también nosotros perdonamos a los que nos ofenden". ¿Es fácil o es difícil para ustedes hacer esto? ¿De qué manera el perdón posibilita las relaciones?

La Sagrada Familia, Giorgione, c. 1500, Galería de Arte Nacional, Washington, D.C.

V. CREAR EL FUTURO

El matrimonio tiene como propósito ser fértil y recibir la vida nueva. Los niños dan forma al futuro, así como a ellos se les da forma en su familia. Sin niños, no puede haber futuro. Los niños criados con amor y guía son el cimiento de un futuro amoroso. Los niños heridos presagian un futuro herido. Las familias son la base sólida para todas las comunidades más extendidas. Las familias son Iglesias domésticas, lugares donde los padres ayudan a los niños a descubrir que Dios los ama y tiene un plan para la vida de cada uno de ellos.

El matrimonio da contexto espiritual a las posibilidades creadas por la biología

68. El matrimonio incluye amor, lealtad y compromiso. Pero lo mismo hacen otras relaciones valiosas. El matrimonio es algo distinto. El matrimonio es la alianza establecida sobre la capacidad de procrear del hombre y la mujer. Nuestra biología tiene ciertos límites y posibilidades, y el matrimonio es una respuesta para vivir esta situación en santidad.

69. Trataremos la otra respuesta (el celibato) en el próximo capítulo. Comentaremos los desafíos relacionados con la fertilidad en el matrimonio, desafíos que surgen de las ideas de anticoncepción y matrimonio entre personas del mismo sexo, en el capítulo siete. En esta sección, es necesario comentar de qué manera el amor conyugal integra la fertilidad de hombres y mujeres con el Sacramento de la alianza de Dios.

70. El matrimonio es la respuesta a la posibilidad de procreación entre hombres y mujeres. Cuando un hombre y una mujer se casan, dando el paso del libre consentimiento a las promesas mutuas de fidelidad y permanencia,[61] el matrimonio sitúa a la procreación en el contexto de la dignidad y la libertad humanas. Los votos matrimoniales son análogos a la alianza de Dios con Israel y con la Iglesia. La Iglesia enseña que el matrimonio es "la alianza matrimonial, por la que el varón y la mujer constituyen entre sí un consorcio de toda la vida, ordenado por su misma índole natural al bien de los cónyuges y a la generación y educación de la prole, fue elevada por Cristo Señor a la dignidad de sacramento entre bautizados".[62] En pocas palabras, el matrimonio es una comunidad de vida y de amor.[63]

71. El Sacramento del Matrimonio pone a disposición de los esposos el poder de la fidelidad de la alianza de Dios y su comunión Triuna como Padre, Hijo y Espíritu Santo. Este fundamento espiritual ofrece un razonamiento nuevo y más profundo de la fecundidad biológica, porque recibir un hijo es una extensión de la generosidad divina. De este modo, podemos ver cómo los clásicos "tres bienes del matrimonio" agustinianos (prole, fidelidad y sacramento) están enraizados en el plan divino.[64]

La vocación espiritual de la paternidad

72. Como cualquier asunto vocacional, la duda sobre tener hijos y cuándo tenerlos no es algo que se decida simplemente según un criterio de auto-referencia humano. Existen "condiciones físicas, económicas, psicológicas y sociales" reales y legítimas del ser humano, que los esposos deberían discernir.[65] Pero, en definitiva, la decisión de tener hijos se basa en las mismas razones que el matrimonio sacramental mismo: amor en forma de servicio, sacrificio, confianza y receptividad a la generosidad de Dios. El matrimonio católico se fundamenta en los Sacramentos y el apoyo de la comunidad cristiana, y así, cuando los esposos consideran la posibilidad de convertirse en padres, continúan en el mismo contexto espiritual y comunitario.

73. Cuando los esposos se convierten en padres, la dinámica interior de la creación de Dios y el Sacramento del Matrimonio se hace visible de una manera bella y particularmente clara. Cuando un esposo y una esposa tienen hijos bajo el modelo del amor de Cristo por nosotros, este mismo amor también orienta a los nuevos padres en la educación y la formación espiritual de sus hijos.[66] "Estos niños son el eslabón de una cadena" —dijo el Papa Francisco cuando, recientemente, bautizó a 32 bebés—. "Vosotros padres traéis a bautizar al niño o la niña, pero en algunos años serán ellos los que traerán a bautizar a un niño, o un nietecito ... Así es la cadena de la fe".[67]

74. Esta cadena de niños y padres abarca milenios. Dos veces por día, aún hoy, las oraciones judías empiezan con el antiguo *Shemá*, una oración que está en Deuteronomio:

> Escucha, Israel: Yavé, nuestro Dios, es Yavé-único. Y tú amarás a Yavé, tu Dios, con todo tu corazón, con toda tu alma y con todas tus fuerzas. Graba en tu corazón los mandamientos que yo te entrego hoy, *repíteselos a tus hijos*, habla de ellos tanto en casa como cuando estés de viaje, cuando te acuestes y cuando te levantes.[68]

75. Nosotros repetimos: *repíteselos a tus hijos*. En el núcleo de este mandamiento, esta la responsabilidad fundacional, está la reafirmación diaria de la alianza entre Dios e Israel. Los padres deberían nutrir y guiar a los hijos dentro de la relación con Dios, de su comunidad. Por lo tanto, el Deuteronomio dice: recita y comparte las glorias de Dios con tus hijos. Jesús dice lo mismo a sus discípulos: "Dejen a esos niños y no les impidan que vengan a mí". (Mateo 19, 14) Tanto el Deuteronomio como Jesús nos están hablando a nosotros. Los dos nos dicen: *Asegúrense de que los niños que están bajo su cuidado tengan una relación con Dios y con el pueblo de Dios. Enséñenles a rezar y a contemplar al Señor. Inculquen esto diariamente en su casa y no le pongan obstáculos.*

76. Esta vocación expresa el propósito de la paternidad católica. El mismo amor que abarca a hombres y mujeres, enseñándoles los caminos de la alianza y trayéndolos al Sacramento del Matrimonio, conduce a una pareja a convertirse en una familia.[69] Cuando marido y mujer se convierten en padre y madre: "De este consorcio procede la familia, en la que nacen nuevos ciudadanos de la sociedad humana, quienes, por la gracia del Espíritu Santo, quedan constituidos en el bautismo hijos de Dios, que perpetuarán a través del tiempo el Pueblo de Dios".[70] Los cristianos tienen hijos no solo para perpetuar la especie y constituir la sociedad, sino también para que la familia toda pueda estar formada por la comunión de los santos. En palabras de San Agustín, el amor sexual del hombre y la mujer "es como un semillero de la ciudad",[71] y él no se refiere solo a la ciudad terrenal o a la sociedad civil, sino también la ciudad celestial, a la Iglesia en todo su esplendor.

La vida en la Iglesia doméstica

77. El Vaticano II llamó a la familia "iglesia doméstica", *Ecclesia domestica*:

> En esta especie de Iglesia doméstica los padres deben ser para sus hijos los primeros predicadores de la fe, mediante la palabra y el ejemplo, y deben fomentar la vocación propia de cada uno, pero con un cuidado especial la vocación sagrada.[72]

La naturaleza vocacional de la vida familiar requiere atención. "En los designios de Dios, cada hombre está llamado a desarrollarse",[73] pero, al igual que la edificación del matrimonio, el discernimiento de la vocación "no viene del aire".[74] Los hábitos de discernimiento pueden enseñarse y cultivarse. Es responsabilidad de la madre y del padre acompañar a los hijos en la casa y en la iglesia, y rezar juntos con regularidad. No aprenderán a hacerlo si no se les enseña. Los padres pueden buscar la ayuda de los padrinos, los abuelos, los maestros, el clero y los religiosos para cumplir sus responsabilidades, así ellos también pueden crecer y aprender sobre la oración. El Papa Francisco, un jesuita con muchos años de formación en el arte del discernimiento, describe la manera en que se une la oración con la conciencia vocacional: "[E]s importante tener una relación cotidiana con Él, escucharle en silencio ante el Sagrario y en lo íntimo de nosotros mismos, hablarle, acercarse a los Sacramentos. Tener esta relación familiar con el Señor es como tener abierta la ventana de nuestra vida para que Él nos haga oír su voz, qué quiere de nosotros".[75]

78. Practicar y enseñar el discernimiento como familia implica paciencia y oración, un deseo constante de purificar las intenciones, de confesarse y hacer penitencia, de ser paciente en la lenta tarea de crecer en la virtud, de abrir la imaginación a la Sagrada Escritura y al testimonio de la Iglesia, y de comprender la propia vida interior. Aprender a discernir por nosotros mismos y transmitir esto a nuestros hijos requiere humildad, amplitud para la crítica constructiva y conversaciones sobre la manera en que Dios podría estar actuando en nuestra vida. Un enfoque vocacional de la vida conlleva la voluntad de ser sinceros sobre nuestros propios deseos, pero, sobre todo, de ofrecer nuestra vida a Dios, de estar abiertos a las aventuras y los planes nuevos que podrían presentarse cuando decimos "hágase tu voluntad".[76] Santa Teresa del Niño Jesús rezaba de esta manera cuando era pequeña: "Dios mío, yo lo escojo todo. No quiero ser santa a medias, no me asusta sufrir por Ti. Sólo me asusta una cosa: conservar mi voluntad. Tómala".[77]

79. En especial cuando una familia tiene muchos hijos pequeños, los padres se enfrentan a una gran variedad de fuentes de estrés. La paternidad es demandante. Pero si la meta de la vida familiar cristiana es abrir todos los días las ventanas del hogar a la gracia de Dios, entonces, aun en medio de la fatiga y el desorden doméstico, los padres pueden permanecer abiertos al Espíritu Santo. Nadie quiere sobrecargarlos más. Pero "la caridad divina … no hay que buscarla únicamente en los acontecimientos importantes, sino, ante todo, en la vida ordinaria".[78] En la vulnerabilidad de tales momentos, los padres pueden descubrir lo que San Pablo quería decir con "Pues si me siento débil, entonces es cuando soy fuerte". (2.ª Corintios 12, 10, LBL)

80. La paternidad tiene un modo de desanimar las pretensiones, de hacernos ver que no somos autosuficientes, sino que necesitamos ayuda y fortaleza de Dios, de la familia, de la Iglesia y de los amigos. La manera en que la familia responde a la adversidad y la enfermedad; o reúne alimentos y devociones; o toma decisiones financieras y establece prioridades; o hace elecciones acerca del ocio, el trabajo o la carrera de los padres, la educación académica de los hijos, o, incluso, las rutinas a la hora de dormir; todos estos y muchos otros aspectos cotidianos de la "economía familiar" modelan la imaginación y el horizonte de los niños. Las rutinas domésticas pueden ser "lugares estrechos", lugares a través de los que brilla el Espíritu Santo; donde una actitud de bondad y de hospitalidad cristiana aligera toda la vida.

Nuestro contexto cultural requiere que las familias puedan discernir

81. El Papa Francisco expresa muchas de estas ideas de manera práctica:

> Pienso que todos podemos mejorar un poco en este aspecto: convertirnos todos en mejores oyentes de la Palabra de Dios, para ser menos ricos de nuestras palabras y más ricos de sus Palabras ... Pienso en el papá y en la mamá, que son los primeros educadores [de sus hijos]: ¿cómo pueden educar si su conciencia no está iluminada por la Palabra de Dios, si su modo de pensar y de obrar no está guiado por la Palabra? ¿Qué ejemplo pueden dar a los hijos? Esto es importante, porque luego papá y mamá se lamentan: "este hijo...". Pero tú, ¿qué testimonio le has dado? ¿Cómo le has hablado? ¿De la Palabra de Dios o de la palabra del telediario? ¡Papá y mamá deben hablar ya de la Palabra de Dios! Y pienso en los catequistas, en todos los educadores: si su corazón no está caldeado por la Palabra, ¿cómo pueden caldear el corazón de los demás, de los niños, los jóvenes, los adultos? No es suficiente leer la Sagrada Escritura, es necesario escuchar a Jesús que habla en ella: es

precisamente Jesús quien habla en la Escritura, es Jesús quien habla en ella... Preguntémonos...: ¿qué lugar tiene la Palabra de Dios en mi vida, en la vida de cada día? ¿Estoy sintonizado en Dios o en las tantas palabras de moda o en mí mismo? Una pregunta que cada uno de nosotros debe hacerse.[79]

82. El Papa Francisco aludió a los telediarios, que podemos tomar en términos más generales como un planteamiento del tema de los medios de comunicación masivos, los recursos sociales de Internet y otras formas de cultura popular. Involucrarnos con estas formas de cultura no es algo que deberíamos hacer sin pensarlo mucho; para involucrarse con estas formas de cultura constructivamente también requiere discernimiento. El *Catecismo de la Iglesia Católica*, al hablar de la Iglesia doméstica, señala que el mundo de hoy es "frecuentemente extraño e incluso hostil a la fe".[80] En una cultura fragmentada, donde ambiente de los medios sociales y de comunicación pueden socavar en general la autoridad de los padres y la crianza católica en particular, los padres y los hijos necesitan reflexionar sobre la manera en que la familia está en el mundo sin pertenecer a este.[81]

83. Cuando cualquiera de nosotros —pero, en especial, los niños— nos enfrentamos con la cultura, esta da forma a nuestra imaginación y nuestras ambiciones. En gran parte, todos nosotros —pero, en especial, los niños— generamos nuestras expectativas para una buena vida a partir de imágenes, películas, música y relatos en nuestra propia vida. Por lo tanto, depende de los padres, el resto de los familiares, los padrinos, los mentores y educadores adultos controlar esta exposición y asegurar que la imaginación de los niños se fortifique y nutra con alimentos sanos, con materiales que protejan su inocencia, les generen deseos por la aventura de la vida cristiana y les evoquen un enfoque vocacional de la vida. La belleza y la contemplación deberían formar parte del ambiente habitual de un niño, para que aprenda a percibir la dimensión sacramental de la realidad. Padres, adultos, padrinos, familiares, feligreses de la parroquia, catequistas y maestros tienen que ser

modelos de estas actitudes para los niños. La formación de los jóvenes necesariamente incluye la "educación formal". La alfabetización espiritual implica el conocimiento de los hechos de la fe. Pero es más importante aún enseñar a los niños a rezar y darles modelos de conducta, ejemplos adultos que les sirvan de testimonio y los motiven a avanzar.

84. Los niños mayores y los adolescentes pueden estar adecuadamente conscientes y ser reflexivos en cuanto al ambiente cultural, y también pueden comenzar a formarse una perspectiva más madura de la oración y el discernimiento vocacional. Estos temas importantes deberían ser parte de la preparación para recibir el Sacramento de la Confirmación, que, en sí mismo, da la gracia necesaria para encarar estos aspectos como discípulos fieles.[82]

La familia y la parroquia dependen una de otra

85. La *Ecclesia domestica* no puede existir, por supuesto, sin la *Ecclesia*. La Iglesia doméstica se relaciona con la Iglesia universal: "la familia, para ser 'pequeña Iglesia', debe vivir bien insertada en la 'gran Iglesia', es decir, en la familia de Dios que Cristo vino a formar".[83] La participación habitual en la Misa dominical con la Iglesia universal es un requisito indispensable para que la Iglesia doméstica cumpla con su nombre. La Iglesia universal es la portadora y maestra de la alianza de Dios con su pueblo, la misma alianza que permite y sostiene la vida matrimonial y familiar.

86. El Papa Benedicto XVI habló de la parroquia como "'la familia de familias', capaz de compartir con ellas tanto las alegrías como las inevitables dificultades de los comienzos".[84] Ciertamente, la parroquia y, con mucha frecuencia las Obras de Misericordia Corporales, pueden servir de ayuda y facilitar los sacramentos. Los niños necesitan ver que sus padres y otros adultos de su entorno demuestran solidaridad con los pobres y hacen cosas para servirlos. Las parroquias y las diócesis pueden brindar estas oportunidades.[85] La Iglesia doméstica sirve a la parroquia y es servida por la parroquia.

87. La parroquia, la diócesis y otras instituciones católicas, como escuelas, movimientos y asociaciones, son, en especial, clave para los niños que no tienen a ambos padres. A los niños les puede faltar uno o los dos padres por variadas razones, entre las cuales está la muerte, la enfermedad, el divorcio, la inmigración, la guerra, las adicciones al alcohol o a las drogas, la violencia familiar, el abuso, la persecución política y la falta de empleo o las condiciones de trabajo migrante debido a la pobreza.[86] Lamentablemente, algunos esposos y algunos padres se separan, con frecuencia por motivos que requieren nuestra compasión. "Los trastornos emocionales que sufren los hijos de parejas separadas, que de pronto se encuentran con uno solo de los padres o con una 'nueva' familia, plantea un desafío para los obispos, los catequistas, los maestros y todos los que son responsables de los jóvenes. ... No es una cuestión de reemplazar a los padres, sino de colaborar con ellos".[87]

88. Para que una parroquia sea realmente una "familia de familias" debe realizar acciones concretas de hospitalidad y generosidad. San Juan Pablo II decía que "abrir la puerta de la propia casa, y más aún la del propio corazón" es una manera de imitar a Cristo.[88] Dar ayuda y recibir ayuda están íntimamente ligadas. Nadie, en especial, ningún niño, ningún padre que enfrenta una crisis inesperada, ningún anciano vulnerable, ni alguien que sufre debería estar solo en una familia parroquial. No hay sustituto para los feligreses comunes que, simplemente, se brindan mutua amistad y servicio durante la semana, extendiendo la Iglesia más allá de las mañanas dominicales. El modo en que los laicos se traten determinará si la parroquia está cumpliendo su misión de esta manera. La visión de la parroquia *debe ser enseñada* y modelada por el clero, quizás, en especial en parroquias grandes, donde puede existir la tentación del anonimato. Pero, en definitiva, que una parroquia esté viva de esta manera no puede ser únicamente obra del clero. Esta es una visión de la vida de la Iglesia que requiere de personas laicas. San Pablo le indicó al pueblo de Gálatas: "Lleven las cargas unos de otros, y así cumplirán la ley de Cristo" (Gálatas 6, 2, LBL). En consecuencia, si no nos ayudamos a llevar nuestras cargas mutuas, si dejamos que las

familias vulnerables o las personas solas se valgan por sí mismas en soledad, quiere decir que no nos estamos valoramos como corresponde. Si nuestro estilo de vida no se basa en la comunión y el servicio, entonces no podemos crecer. Fuimos hechos el uno para el otro, y vivir como si esto no fuera verdad es triste, es el incumplimiento de la ley vivificante de Cristo.

89. La hospitalidad hacia los niños solos plantea, naturalmente, el tema de la adopción. Juan Pablo II, en una convocatoria a las familias adoptivas, dijo:

> Adoptar a un niño es una gran *obra de amor*. Cuando se realiza, se da mucho, pero también se recibe mucho. Es un verdadero intercambio de dones.

> Por desgracia, nuestro tiempo conoce, también en este ámbito, muchas contradicciones. Así como hay numerosos niños que, por la muerte o la inhabilidad de sus padres, se quedan sin familia, así también hay muchas parejas que deciden no tener hijos por motivos a menudo egoístas. Algunas se desaniman por las dificultades económicas, sociales o burocráticas. Otras, incluso, por el deseo de tener un hijo "propio" a toda costa, van más allá de la ayuda legítima que la ciencia médica puede prestar a la procreación, recurriendo a prácticas moralmente reprensibles. Acerca de estas tendencias, es preciso reafirmar que las indicaciones de la ley moral no se reducen a principios abstractos, sino que tutelan el verdadero bien del hombre y, en este caso, el bien del niño, frente al interés de los mismos padres.[89]

Juan Pablo II esperaba que: "Las familias cristianas se abran con mayor disponibilidad a la adopción y acogida de aquellos hijos que están privados de sus padres o abandonados por éstos".[90] Él podía atreverse a tener esta esperanza porque el amor que anima al matrimonio cristiano es el de la alianza de Dios, un amor eternamente hospitalario y lleno de vida.

90. *La intimidad sexual entre un hombre y una mujer genera la posibilidad de engendrar hijos. Ninguna otra relación brinda esta posibilidad básica, orgánica y biológica. El matrimonio entre un hombre y una mujer brinda esta fertilidad potencial en un contexto espiritual. Ser padres es una vocación espiritual porque, en definitiva, significa preparar a nuestros hijos para que sean santos. Esta valiente ambición requiere humildes pero importantes prácticas en el hogar, como rezar y cultivar una disposición espiritual. Requiere el discernimiento de los padres acerca de cómo se incorpora la familia en el resto de la cultura. Presentar los niños al Señor significa que la Iglesia doméstica querrá integrarse con la parroquia y, también, con la Iglesia universal. Los desafíos de la vida familiar exigen apoyo: ninguna familia puede crecer sola. Para crecer, las familias necesitan de su parroquia, y sus parroquias necesitan de ellas. Para crear y servir en estos ministerios, se requiere de las personas laicas.*

PREGUNTAS PARA COMENTAR

a) ¿En qué se diferencia el matrimonio entre un hombre y una mujer de otras amistades íntimas?

b) ¿Alguna vez ha rezado con un niño? ¿Ha leído la Biblia o ha hablado sobre algún aspecto de la fe con un niño? Si usted no es padre, ¿hay en su vida niños que podrían necesitar un amigo y mentor?

c) ¿Cuáles son los hábitos de discernimiento? ¿Cómo es un enfoque vocacional de la vida?

d) ¿Qué es la Iglesia doméstica? ¿Cómo sirve la parroquia a la familia y cómo sirve la familia a la parroquia? ¿De qué manera la familia y la parroquia pueden cumplir "la ley de Cristo" como se describe en Gálatas 6, 2?

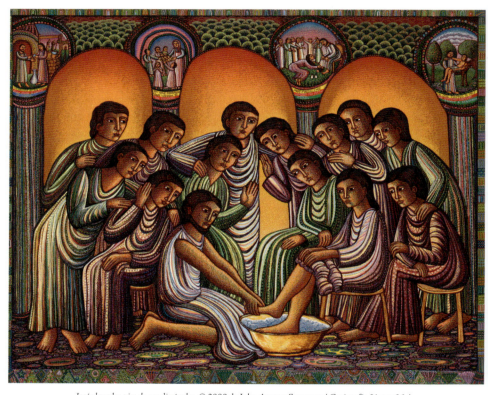

Jesús lava los pies de sus discípulos, © 2000 de John August Swanson / Cerigrafía 21 por 26 /
www.JohnAugustSwanson.com

VI. TODO AMOR ES FECUNDO

No todos están llamados al matrimonio. Pero toda vida tiene el propósito de ser fértil. Toda vida tiene el poder y la necesidad de nutrir la vida nueva: si no es a través de dar a luz y criar niños, entonces a través de otras formas vitales de entrega personal, de desarrollo y de servicio. La Iglesia es una familia ampliada de diferentes vocaciones, cada una distinta, pero cada una necesitando de las demás y apoyándolas. El sacerdocio, la vida religiosa y la vocación laica célibe enriquecen y son enriquecidos por el testimonio del estado matrimonial. Las maneras diferentes de ser castos y célibes fuera del matrimonio son maneras de entregar la propia vida al servicio de Dios y de la comunidad humana.

La fecundidad espiritual del celibato

91. Dos de los sacramentos de la Iglesia son únicos en el sentido de que ambos están dedicados "a la salvación de los demás". El Orden Sagrado y el Matrimonio "confieren una gracia especial para una misión particular en la Iglesia, al servicio de la edificación del pueblo de Dios".[91]

92. En otras palabras, no todos los hombres y mujeres necesitan ser padres biológicos para difundir el amor de Dios y participar de la "familia de familias", como se conoce a la Iglesia. La vocación del sacerdocio, o la vida religiosa consagrada, tiene su propia integridad y gloria. La Iglesia necesita siempre sacerdotes y religiosos, y los padres deben ayudar a todos sus hijos a estar atentos a la posibilidad de que Dios los llame a ofrecer su vida de este modo.

93. Además, hay muchas personas laicas célibes, que tienen un papel irreemplazable en la Iglesia. La Iglesia promueve muchas maneras distintas de practicar el celibato, pero todas ellas son, de un modo o de otro, un llamado a servir a la Iglesia y fomentan la comunión en formas comparables a la paternidad.

94. El celibato auténtico —ya sea laico, ordenado o consagrado— está orientado a la vida social y comunitaria. Ser un "padre espiritual" o una "madre espiritual" —quizás, como miembro del clero o religioso, pero también como padrino, padre adoptivo, catequista, maestro o, simplemente, mentor o amigo— es una vocación muy apreciada, algo esencial para la salud y el crecimiento de la comunidad cristiana.

95. San Juan Pablo II reflexionó una vez sobre las cualidades maternales de la Madre Teresa y, por extensión, sobre la fecundidad y la fertilidad espiritual de la vida célibe en general:

> Llamar "madre" a una religiosa es más bien habitual. Pero este apelativo tenía para la madre Teresa una intensidad especial. Se reconoce a una madre por su capacidad de entrega. Observar a la madre Teresa en su trato, en sus actitudes, en su modo de ser, ayudaba a comprender qué significaba para ella, más allá de la dimensión puramente física, ser madre; ayudaba a ir a la *raíz espiritual de la maternidad*.

> Sabemos bien cuál era su secreto: rebosaba de Cristo, y, por eso, miraba a todos con los ojos y con el corazón de Cristo. Había tomado muy en serio sus palabras: "Tuve hambre y me disteis de comer ..." (*Mt* 25, 35).

> Por esta razón, no le costaba "adoptar" como hijos a sus pobres. Su amor era concreto, emprendedor; la impulsaba a donde pocos tenían la valentía de ir, a donde la miseria era tan grande que daba miedo.

No sorprende el hecho de que los hombres de nuestro tiempo se hayan sentido fascinados por ella, que encarnó el amor que Jesús indicó como signo distintivo de sus discípulos: "La señal por la que conocerán que sois discípulos míos será que os améis unos a otros" (*Jn* 13, 35).[92]

Vidas radiantes, como la de la Beata Teresa de Calcuta y de San Juan Pablo II, muestran que el celibato, con todas sus variantes, puede ser un modo de vida inspirador y bello.

La razón y las posibilidades del celibato

96. Al principio de esta catequesis, al citar a San Agustín, vimos que el propósito de tener hijos no era meramente perpetuar la especie o edificar la sociedad civil, sino dar a la ciudad celestial la alegría de una vida nueva. Esta distinción —entre la meta natural de procreación y la vocación teológica de prepararse para el Reino de Dios en todo su esplendor— permite a la Iglesia señalar otro punto: para cumplir su destino como hombres y de mujeres, todas las personas pueden ser fructíferas, pero no todas necesitan casarse.

97. La Iglesia ofrece el matrimonio como una vocación, una posibilidad; por lo tanto, este no puede ser una ley ni un requisito para el crecimiento de una vida católica.[93] Se deduce, entonces, que es necesario que exista el celibato en la vida social de la Iglesia para que el matrimonio sea una cuestión de libertad más que de exigencia. El celibato es la alternativa al cielo, si es que realmente hay más de un modo de categorizar la vida sexual de la persona, la masculinidad o femineidad propia. "La familia es la vocación que Dios ha escrito en la naturaleza del hombre y de la mujer, pero existe otra vocación complementaria al matrimonio: *la llamada al celibato y a la virginidad por el Reino de los cielos. Es la vocación que Jesús mismo vivió*".[94]

98. El celibato y el matrimonio no compiten el uno contra el otro. Nuevamente, como enseñó San Ambrosio, "No alabamos a una con

exclusión de las otras. En esto la disciplina de la Iglesia es rica".[95] El celibato y el matrimonio son vocaciones complementarias porque ambas proclaman que la intimidad sexual no puede ser una prueba.[96] Tanto las personas célibes como las casadas respetan la estructura del amor de la alianza y evitan la "unión a prueba" o condicional.[97] Todas ellas rechazan el sexo en el contexto de lo que el Papa Francisco llamó "cultura de lo provisional".[98] Todas ellas rechazan las relaciones sexuales basadas solo en la satisfacción del deseo erótico.

99. La observancia de las disciplinas del celibato y del matrimonio son dos maneras en que hombres y mujeres se unen solidariamente entre sí sin aprovechamiento sexual. El celibato y el matrimonio son los *únicos* dos modos de vida que coinciden en la conclusión de que el matrimonio es la forma completamente humana de los actos procreadores a la luz de la imagen de Dios, que habita en nosotros y modela nuestra vida. El celibato, que incluye no solo a los sacerdotes y religiosos consagrados, sino a todos los que se mantienen castos fuera del matrimonio, es un estilo de vida para los que no están casados pero que honran las alianzas.

100. Todo lo que la Iglesia ha enseñado sobre ser creados para el gozo, sobre ser creados a imagen de Dios, sobre la necesidad de amar y ser amados, se aplica de la misma manera tanto a los célibes como a las personas casadas. El celibato puede ser confirmado y permanente, como en los religiosos consagrados o en alguien imposibilitado para casarse por una discapacidad u otra circunstancia, o potencialmente permanente, como en un joven que tiene que discernir su vocación. En todos estos casos, el celibato sigue las huellas de Jesús, crece mediante la ofrenda de uno mismo a Dios y la confianza en su plan, y con la construcción de una vida basada en el amor a los demás con misericordia, paciencia, generosidad y servicio.

101. En cualquier sociedad, muchos quedarán marginados si el matrimonio es visto como algo obligatorio, como si fuera que la persona necesitara de una pareja romántica para estar completa. El celibato de

la Iglesia se opone a esta idea engañosa. Por ejemplo, con frecuencia, las viudas se dejan a un lado en las sociedades tradicionales y las personas solteras socializan en clubes, pubs y bares, donde la promiscuidad es normal. Crear un espacio alternativo donde las personas solteras puedan experimentar la alegría y tener una misión, es una tarea de profunda hospitalidad, algo que los cristianos necesitan hacer por los demás como una forma de liberación y aceptación.

102. Algunas personas, gracias a circunstancias que escapan de su control, querrían casarse, pero no encuentran un cónyuge. Una vida de esperanza y espera no significa abandonarse a una existencia estéril. Cuando alguien vive activamente dispuesto a cumplir la voluntad de Dios según se manifieste en su historia personal, haciendo propio el decreto de María,[99] puede acumular bendiciones. Porque todos están llamados a dar y recibir amor, porque el amor cristiano es abierto, el celibato es una práctica comunitaria. Cuando nos amamos unos a otros castamente fuera del matrimonio, el fruto es la amistad: "La virtud de la castidad se desarrolla en la *amistad* ... La castidad se expresa especialmente en la *amistad con el prójimo*. Desarrollada entre personas del mismo sexo o de sexos distintos, la amistad representa un gran bien para todos. Conduce a la comunión espiritual".[100]

103. Los célibes y, hasta cierto punto, aunque en un sentido comparativo, las parejas estériles, también disfrutan de una libertad única, una libertad atractiva para ciertos tipos de servicio, amistad y comunión. Los célibes y los que no tienen hijos están relativamente más desocupados para experimentos de castidad en la vida comunitaria, para carreras que demandan flexibilidad y para la oración y la contemplación. Los célibes, las parejas sin hijos e, incluso, los ancianos sanos (quizás, con hijos adultos) tienen el don del tiempo con el que no cuentan los padres. Estas personas pueden ocuparse de tareas catequéticas y de otros ministerios parroquiales, incluso ejercitar el apostolado y dar testimonio en situaciones peligrosas, lo que sería imposible para familias con hijos. Los solteros y los que no tienen hijos disfrutan de

una disponibilidad que les permite cierta discreción y creatividad para explorar las posibilidades de la hospitalidad y la amistad. Cuando San Pablo aconseja el celibato, piensa que está ofreciendo una posibilidad que tiene sus desafíos, pero que también tiene beneficios y libertades: "Si te casas, no cometes pecado, y tampoco comete pecado la joven que se casa. Pero la condición humana les traerá conflictos que yo no quisiera para ustedes. ... Yo quisiera verlos libres de preocupaciones". (1.ª Corintios 7, 28-32a, LBL)

La relación espiritual y social entre el celibato y el matrimonio

104. El *Catecismo de la Iglesia Católica* dice: "Todos los fieles de Cristo son llamados a una vida casta según su estado de vida particular. En el momento de su Bautismo, el cristiano se compromete a dirigir su afectividad en la castidad".[101] El celibato, está entonces aliado al matrimonio, y en ambos se hace una entrega total de uno mismo al Señor. Las personas célibes y las casadas hacen una promesa de fidelidad a la alianza de Dios, según sus respectivas vocaciones. Existen diferencias prácticas en la vocación particular de todos los individuos, pero el sentimiento interno del alma, la entrega del corazón mismo, en esencia, es similar. Los célibes y los cónyuges maduros y sabios están familiarizados con muchas de las mismas destrezas espirituales.

105. En el caso del matrimonio, cuando los esposos y esposas se entregan mutuamente, con un amor que imita a Jesús, el don de sí mismos es parte de la obra de Cristo, que se une en el mismo espíritu del propio don de Jesús a la Iglesia. Cuando los cónyuges intercambian los votos en la iglesia durante la liturgia de la boda, Cristo recibe este amor nupcial y lo incorpora a su propio don eucarístico de sí mismo para la Iglesia y para el Padre quien, agradecido por la ofrenda del Hijo, da a los esposos el Espíritu Santo para sellar la unión.[102] La fecundidad nupcial, entonces, es el primero de todos los dones y la tarea del vínculo sacramental. Es exactamente por esto que San Juan Pablo II dijo maravillosamente que el vínculo nupcial que reciben los esposos para

disfrutar y vivir la vida familiar los convierte en "el recuerdo permanente, para la Iglesia, de lo que acaeció en la cruz; son el uno para el otro y para los hijos, testigos de la salvación, de la que el sacramento les hace partícipes".[103]

106. En el caso del celibato, existe un razonamiento similar. El amor de Cristo es continente porque hace una entrega total de sí mismo, una afirmación incondicional del otro: "¿Qué dará [uno] para rescatarse a sí mismo?" (Mateo 16, 26). El amor de Cristo se expresa en el deseo de compartirse a sí mismo con sus discípulos (Lucas 22, 15), de entregarse por completo a ellos para llevar a todos de regreso al Padre y compartir la propia gloria de Dios.[104] El amor conyugal es la razón de la alianza que da forma a la manera en que procreamos; el amor del celibato es la razón de la alianza que cobra vida en la comunidad entera.

107. Como el matrimonio y el celibato son vocaciones complementarias para los católicos adultos, deberíamos ayudar a nuestros jóvenes a que comprendan que una pareja romántica no es esencial para la felicidad humana. Si el matrimonio mismo toma la forma de la alianza de Jesús con nosotros, y si esa misma alianza también crea la posibilidad, entonces la vida de los jóvenes que no están casados se entiende mejor no en términos de noviazgo o "cita", sino como una etapa de discernimiento y cultivo de amistades. Los hábitos y las destrezas de la verdadera amistad son esenciales para la vida en matrimonio o para la comunidad célibe. Es necesario que los asuntos relacionados con la vocación que enfrentan hoy los adolescentes y otros jóvenes involucre algo más que la preferencia romántica. Los jóvenes tienen que adquirir ciertas destrezas espirituales internas independientemente de lo que les espere en su vida futura.

108. Por esta razón, las parroquias deberían prestar especial atención a la dimensión social de la castidad y el celibato. El celibato impone desafíos únicos, y, como observa el *Catecismo de la Iglesia Católica*, el aprendizaje del autodominio sexual tiene un aspecto cultural: somos personas interdependientes, y la práctica de la castidad se ve favorecida

o entorpecida por nuestra situación social.[105] Las posibilidades de vida que los jóvenes puedan imaginar dependen de los ejemplos que vean y de las historias que oigan.

109. Como el celibato es también contracultural, existe un riesgo, incluso en las parroquias, de que no se entienda por completo. Las personas solteras "merecen afecto y solicitud diligentes de la Iglesia, particularmente de sus pastores".[106] No solo los pastores, también las familias y los solteros mismos deberían dar pasos concretos para garantizar que ser "soltero" en un contexto católico no es, en lo absoluto, lo mismo que estar solo o aislado. Los solteros necesitan estar en comunión para compartir su carga y sus penas, así como la responsabilidad y oportunidades de servicio. A todas las personas solteras "es preciso abrirles las puertas de los hogares, 'iglesias domésticas' y las puertas de la gran familia que es la Iglesia".[107]

110. Esta visión sugiere una necesidad de que todos analicen cómo contribuyen a la atmósfera y la esencia de la vida parroquial. Si los padres desalientan a los hijos respecto del sacerdocio, la vida religiosa consagrada u otras vocaciones célibes, entonces la comunidad entera debería examinar su conciencia. El auténtico celibato es siempre marcadamente social, y si solo se lo ve como aislamiento o alejamiento, entonces, algo en la práctica o en la estructura de la vida comunitaria se ha desviado. Los célibes deberían tener iniciativas de servir y de involucrarse, y las familias deberían dar los pasos para ser hospitalarios, para adoptar "tías" y "tíos", y para incluirlos en la formación de hogares extendidos o en comunidades diseñadas para ese fin.

111. Una vida social rica hace mucho más verosímiles para el mundo los distintos tipos de celibato, porque debilita la crítica sobre el celibato que dice que es una vida inevitablemente solitaria. Vivir esta visión, superar la inercia de los hábitos sociales que segregan a los solteros e ignoran las oportunidades del celibato, demanda un compromiso creativo de parte de los laicos y del clero. Jesús es nuestro Señor, y el Señor dice: "En esto reconocerán todos que son mis discípulos: en que

se aman unos a otros" (Juan 13, 35, LBL). El amor debe animar visiblemente la vida parroquial de todos.

112. *El celibato no es esterilidad ni tampoco "soltería" en el sentido de aislamiento o autonomía. En la Iglesia, todos somos interdependientes, creados para la comunión, creados para dar y recibir amor. Esta visión de la vida humana genera una gran variedad de vocaciones creativas. El celibato establece una demanda única a los que lo adoptan, pero también otorga privilegios y oportunidades únicos. El celibato respeta el potencial sexual o biológico del matrimonio, y funciona desde una razón y una espiritualidad similar de entrega propia. Los célibes y las parejas casadas se necesitan mutuamente para sostener y ampliar la "familia de familias", como se llama a la Iglesia.*

PREGUNTAS PARA COMENTAR

a) ¿Qué tienen en común el celibato y el matrimonio?

b) ¿Cuáles son algunas de las pruebas o cargas que las personas solteras enfrentan en su comunidad? ¿Cómo pueden ayudar los amigos, las familias y las parroquias? ¿Cuáles son algunos de los beneficios del celibato? ¿Cómo pueden servir a la comunidad las personas que no están casadas?

c) Los niños de su parroquia, ¿conocen a un gran número de sacerdotes, monjes, frailes, monjas y otras hermanas religiosas? ¿Puede pensar en maneras de presentar ejemplos de celibato en su comunidad? ¿Alguna vez alentó a los niños que conoce a que se convirtieran en sacerdotes o religiosos consagrados? ¿Por qué?

d) ¿Cuáles son algunas buenas razones para elegir el matrimonio o el celibato? ¿Cuáles son algunas razones no tan buenas? ¿Cómo puede discernir su vocación una persona?

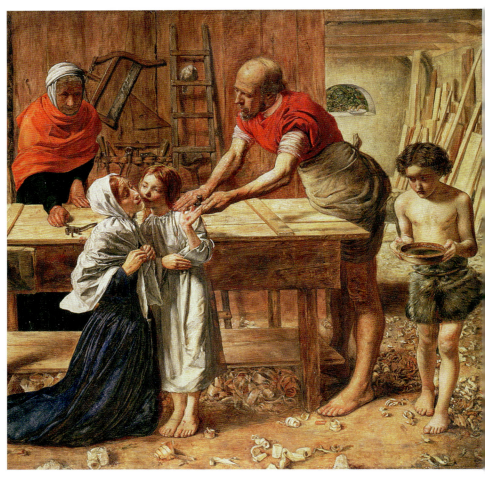

Cristo en casa de sus padres, John Everett Millais, 1863 / Colección privada / Bridgeman Images

VII. LUZ EN UN MUNDO OSCURO

En el mejor de los casos, la familia es una escuela de amor, justicia, compasión, perdón, respeto mutuo, paciencia y humildad en medio de un mundo oscurecido por el egoísmo y el conflicto. Es así como la familia enseña lo que significa ser humano. Sin embargo, surgen muchas tentaciones que intentan persuadirnos a olvidar que el hombre y la mujer son creados para la alianza y la comunión. Por ejemplo, la pobreza, la riqueza, la pornografía, la anticoncepción, los errores filosóficos y otros errores intelectuales pueden crear contextos que desafíen o amenacen una vida familiar sana. La Iglesia se opone a estas cosas para proteger a la familia.

Los efectos de la caída

113. Somos criaturas que hemos caído. No siempre amamos como deberíamos. Pero si reconocemos e identificamos nuestros pecados, podemos arrepentirnos de ellos.

114. Podemos ver la prueba de esta caída en nuestras acciones diarias: en nuestro corazón dividido y en los obstáculos a la virtud que son tan comunes en el mundo. La "esclavitud del pecado" se hace "sentir también en las relaciones entre el hombre y la mujer. En todo tiempo, la unión del hombre y la mujer vive amenazada por la discordia, el espíritu de dominio, la infidelidad, los celos y conflictos que pueden conducir hasta el odio y la ruptura. Este desorden puede manifestarse de manera más o menos aguda, y puede ser más o menos superado, según las culturas, las épocas, los individuos, pero siempre aparece como algo de carácter universal".[108]

EL AMOR ES NUESTRA MISIÓN

115. El documento preparatorio de la III Asamblea General Extraordinaria del Sínodo de los Obispos de 2014 sobre "Los Desafíos Pastorales sobre la Familia en el Contexto de la Evangelización" menciona un gran número de asuntos globales:

> Entre las numerosas nuevas situaciones, que exigen la atención y el compromiso pastoral de la Iglesia, bastará recordar: los matrimonios mixtos o interreligiosos; la familia monoparental; la poligamia, difundida todavía en no pocas partes del mundo; los matrimonios concordados con la consiguiente problemática de la dote, a veces entendida como precio para adquirir la mujer; el sistema de las castas; la cultura de la falta de compromiso y de la presupuesta inestabilidad del vínculo; formas de feminismo hostil a la Iglesia; fenómenos migratorios y reformulación de la idea de familia; pluralismo relativista en la concepción del matrimonio; influencia de los medios de comunicación sobre la cultura popular en la comprensión de la celebración del casamiento y de la vida familiar; tendencias de pensamiento subyacentes en la propuestas legislativas que desprecian la estabilidad y la fidelidad del pacto matrimonial; la difusión del fenómeno de la maternidad subrogada (alquiler de úteros); nuevas interpretaciones de los derechos humanos.[109]

Asuntos y contextos económicos

116. La pobreza y las dificultades económicas debilitan el matrimonio y la vida familiar alrededor del mundo. Señalando un letrero en la multitud, un día durante el Ángelus en la Plaza San Pedro, el Papa Francisco dijo:

> Leo allí, escrito en grande: "Los pobres no pueden esperar". ¡Es hermoso! Y esto me hace pensar que Jesús nació en un establo, no en una casa. Después tuvo que huir, ir a Egipto para salvar la vida. Al final, volvió a su casa, a Nazaret. Hoy pienso,

al leer ese cartel, en tantas familias sin casa, sea porque jamás la han tenido, sea porque la han perdido por diversos motivos. Familia y casa van unidos. Es muy difícil llevar adelante una familia sin habitar en una casa. En estos días de Navidad, invito a todos —personas, entidades sociales, autoridades— a hacer todo lo posible para que cada familia pueda tener una casa.[110]

117. Al mismo tiempo, los datos de las ciencias sociales muestran que los matrimonios y las familias estables ayudan a *superar* la pobreza, de la misma manera que la pobreza obra *en contra* de los matrimonios y las familias estables. Los matrimonios y las familias fuertes crean esperanzas, y la esperanza lleva a un propósito y un logro. Estos datos sugieren una manera en la que una fe cristiana vigorosa tiene consecuencias tanto prácticas como espirituales. Ayudar a las familias a romper círculos viciosos y transformarlos en círculos virtuosos, es una razón por la que la Iglesia presta atención tanto a las circunstancias económicas como a las circunstancias espirituales de nuestra vida.

118. La última encíclica del Papa Benedicto XVI, *Caritas in veritate*, señala: "los *fuertes vínculos entre ética de la vida y ética social*".[111] Benedicto observó que "La familia tiene necesidad de una casa, del trabajo y del debido reconocimiento de la actividad doméstica de los padres; de escuela para los hijos, de asistencia sanitaria básica para todos".[112] Jesucristo de la persona en su totalidad; Él mismo no estuvo ajeno a la pobreza y provenía de una familia que había sido refugiada;[113] ahora llama a la Iglesia para que tome una posición de solidaridad con las familias que están en una situación similar.[114]

119. En otras palabras, si decimos que nos preocupamos por la familia, debemos preocuparnos por los pobres. Si nos preocupamos por los pobres, estaremos sirviendo a la familia.

120. La presente economía global, hipercapitalista, también daña a la clase media y a los ricos. Por ejemplo, la cultura de masas comercializa el sexo. El mercadeo corporativo crea un apetito infinito

por experiencias nuevas, un clima de perpetuo deseo, errático e insatisfecho. La vida en las culturas del mercado moderno se convierte en una lucha contra la cacofonía de la distracción, el ruido y los apetitos incansables, que perturban la estabilidad familiar y alimentan un sentido de derecho. La vida en un mercado perpetuo puede tentarnos a pensar que si deseamos algo, llegamos a un acuerdo mutuo y podemos pagarlo, entonces tenemos derecho a ello. Ese sentido de derecho es una ilusión destructiva, un tipo de esclavitud a los apetitos, que disminuye nuestra libertad de vivir virtuosamente. Nuestra incapacidad para aceptar los límites, nuestra terca insistencia en satisfacer nuestros apetitos, alimentan muchos problemas espirituales y materiales en nuestro mundo de hoy.

Porqué están mal la pornografía y la masturbación

121. Comercializar el sexo siempre implica comercializar a las personas. La pornografía, a menudo relacionada a, y alimentada por la crueldad del tráfico humano, es ahora una pandemia no sólo entre los hombres, sino también cada vez más entre las mujeres. Esta industria global lucrativa puede invadir cualquier hogar a través de una computadora o televisión por cable. La pornografía instruye a sus consumidores en el egoísmo, enseñando a sus usuarios a ver a los demás como objetos para satisfacer nuestros apetitos.

122. Para cada uno de nosotros, la prueba de aprender paciencia, generosidad, tolerancia, magnanimidad y otros aspectos del amor cruciforme es algo bastante difícil en sí. La pornografía hace que ofrecernos a los demás y a la alianza de Dios sea más difícil, incluso para el usuario poco frecuente. La masturbación está mal por razones análogas. Cuando una persona "disfruta" o racionaliza el uso de pornografía o masturbación, agota la posibilidad de abnegación, una sexualidad madura y una intimidad auténtica con un cónyuge. No es de extrañarse que la pornografía juegue en el presente un papel importante en muchos de los matrimonios rotos. La pornografía y la masturbación también

pueden atacar la vocación de las personas célibes, precisamente porque pueden parecer tan privadas.

Por qué está mal la anticoncepción

123. De la misma manera, la anticoncepción también lleva a considerar el deseo sexual como un derecho. Permite a quienes la usan a tratar el deseo de intimidad sexual como algo que pueden justificar. Separando la procreación de la comunión, la anticoncepción oscurece y termina socavando la razón de ser del matrimonio.

124. Es posible que las parejas casadas que usan la anticoncepción lo hagan con buenas intenciones. Muchas parejas casadas experimentan y creen que su sexo con anticoncepción es esencial para mantener unida a la pareja, o que es inofensivo y no produce víctimas. Muchas parejas casadas se han acostumbrado tanto a la anticoncepción que la enseñanza de la Iglesia puede parecerles escandalosa.

125. Pero si una pareja casada está realmente buscando la libertad interior, la entrega mutua y el amor abnegado a lo que nos convoca la alianza de Dios, entonces es difícil imaginar en qué sentido es necesaria y esencial la anticoncepción. La Iglesia cree que la insistencia en la anticoncepción se basa en mitos sobre el matrimonio que no son ciertos. Como explicó el Papa Pío XII:

> Algunos querrían alegar que la felicidad en el matrimonio está en razón directa del recíproco goce en las relaciones conyugales. No: la felicidad del matrimonio está en cambio en razón directa del mutuo respeto entre los cónyuges aun en sus íntimas relaciones.[115]

126. En otras palabras, ver la anticoncepción como necesaria o hasta útil proviene de una premisa que está confundida. En sus bases, un matrimonio feliz, de los que duran toda la vida, tiene más en común con las facultades generosas, pacientes y de entrega del celibato que con lo

que Pío XII llama "un hedonismo refinado".[116] Recientemente, el Papa Francisco se refirió a la Sagrada Familia resaltando las cualidades de generosidad y libertad interior que posibilitan un buen matrimonio:

> José era un hombre que siempre dejaba espacio para escuchar la voz de Dios, profundamente sensible a su secreto querer, un hombre atento a los mensajes que le llegaban desde lo profundo del corazón y desde lo alto. No se obstinó en seguir su proyecto de vida, no permitió que el rencor le envenenase el alma, sino que estuvo disponible para ponerse a disposición de la novedad que se le presentaba de modo desconcertante. Y así, era un hombre bueno. No odiaba, y no permitió que el rencor le envenenase el alma. ... Y así, José llegó a ser aún más libre y grande. Aceptándose según el designio del Señor, José se encuentra plenamente a sí mismo, más allá de sí mismo. Esta libertad de renunciar a lo que es suyo ... y esta plena disponibilidad interior a la voluntad de Dios, nos interpelan y nos muestran el camino.[117]

127. La anticoncepción oscurece esta libertad y poder interior. En la medida en que los deseos sexuales sean tratados como derechos, o como deseos que no pueden posponerse, se revela la necesidad de crecer en libertad interior. Como una "solución técnica" a lo que realmente es un problema moral, la anticoncepción "oculta la cuestión de fondo, que se refiere al sentido de la sexualidad humana y a la necesidad de un dominio responsable, para que su ejercicio pueda llegar a ser expresión de amor personal".[118]

Los beneficios de la planificación familiar natural

128. Ciertamente, la "paternidad responsable" comprende discernir cuándo tener hijos. Razones muy serias, que surgen de "las condiciones físicas, económicas, psicológicas y sociales", pueden llevar a un esposo y una esposa a "evitar un nuevo nacimiento durante algún tiempo o por tiempo indefinido".[119]

129. Los esposos católicos que se encuentren en esta situación necesitan maestros, mentores y amigos que los guíen y apoyen en la planificación familiar natural (PFN). Las parroquias y las diócesis deben hacer de esta ayuda una prioridad pastoral fácil de hallar. Es absolutamente más probable que una pareja viva realmente la enseñanza católica si tiene rumbo espiritual, instrucción práctica y amigos que la apoyen. Todos los laicos, los párrocos y los obispos tienen la responsabilidad de crear estas condiciones que le permitan alcanzar esta condición.

130. Si una pareja casada de corazón generoso, y después de rezar y reflexionar con sinceridad, percibe que no es una época de la vida en la que Dios los está llamando para tener más hijos, entonces, de cuando en cuando, la PFN les requerirá que se abstengan de tener relaciones sexuales. Practicar la PFN de esta manera, lleva a los cónyuges a subordinar u ofrecer sus deseos sexuales a corto plazo al más amplio sentido del llamado de Dios en su vida. Esta subordinación de la voluntad y del deseo es una de las muchas maneras en las que la PFN y la anticoncepción son tan diferentes la una de la otra, tanto objetiva como empíricamente. La PFN es un camino para seguir al Señor en el matrimonio, un camino íntimo y demandante, y por lo tanto potencialmente hermoso y profundo.

131. La PNF se basa en la belleza y la necesidad de la intimidad sexual matrimonial. Como también depende de la abstinencia ocasional para espaciar los nacimientos, la PNF llama a las parejas a comunicarse y auto controlarse. Como el lazo del matrimonio en sí mismo, la PNF da forma y disciplina al deseo sexual. La idea misma de la monogamia presupone que los hombres y mujeres que han caído víctimas de sus deseos sexuales, puedan disciplinar pacientemente los deseos erráticos, y aprender a tratar a un cónyuge con generosidad y fidelidad. De esta manera, la abstinencia periódica que la PNF requiere trabajar para profundizar y explorar un compromiso que las personas casadas ya han adquirido. La PNF no garantiza un matrimonio feliz, ni exime

a un matrimonio de todos los sufrimientos comunes del matrimonio, pero es un intento por construir un hogar sobre roca y no sobre arena.

La anticoncepción propaga más extensamente en la sociedad la confusión sobre el matrimonio

132. Como lo predijo la Iglesia hace casi 50 años, la anticoncepción no sólo socava el matrimonio, pero también tiene otros efectos colaterales en la sociedad.[120] La anticoncepción omnipresente significa que pocos poseen el hábito de la abstinencia y el autocontrol sexual. De esta manera, la anticoncepción ha hecho al celibato mucho menos verosímil para las personas modernas y, de este modo, ha logrado que el matrimonio y otros tipos de unión romántica parezcan virtualmente inevitables. Cuando eso sucede, toda la vida social de una comunidad se tergiversa. Y cuando la anticoncepción le quita al celibato su credibilidad, contribuye a la escasez de jóvenes sacerdotes y religiosas con votos. La anticoncepción también hace que el sexo fuera del matrimonio (ya sea prematrimonial o extramatrimonial) parezca superficialmente más creíble, como si la intimidad sexual pudiera existir sin consecuencias. Y por supuesto, muchos de los mismos argumentos para el sexo sin hijos que busca justificar la anticoncepción también se aplican, pero con resultados más desagradables y brutales, como el aborto permisivo.

133. Al separar el sexo de la procreación, la anticoncepción anima a una cultura a fundamentar el matrimonio en la compañía emocional y erótica. Esta visión reducida y desordenada alimenta mucha de la confusión sobre lo que realmente es el matrimonio, haciendo que el divorcio sea más probable y común, como si el matrimonio fuera un contrato que pudiera romperse y renegociarse. Como escribió recientemente el Papa Francisco:

> La familia atraviesa una crisis cultural profunda, como todas las comunidades y vínculos sociales. ... El matrimonio tiende a ser visto como una mera forma de gratificación afectiva que puede constituirse de cualquier manera y modificarse de

acuerdo con la sensibilidad de cada uno. Pero el aporte indispensable del matrimonio a la sociedad supera el nivel de la emotividad y el de las necesidades circunstanciales de la pareja. Como enseñan los Obispos franceses, no procede "del sentimiento amoroso, efímero por definición, sino de la profundidad del compromiso asumido por los esposos que aceptan entrar en una unión de vida total".[121]

Por qué la Iglesia no apoya al llamado matrimonio entre personas del mismo sexo

134. Fundamentar al matrimonio como satisfacción erótica y emocional, que es un movimiento facilitado por la separación del sexo y la procreación, también permite la hipótesis de las uniones entre personas del mismo sexo. Hoy, en algunos países, hay movimientos para redefinir el matrimonio como si este fuera una relación afectiva o sexual cualquiera entre dos adultos mayores de edad. En los lugares donde el divorcio y la anticoncepción son hábitos establecidos, y esta visión revisada del matrimonio se ha enraizado, redefinir al matrimonio para incluir al matrimonio entre personas del mismo sexo puede parecer un próximo paso probable.

135. Con respecto a la hipótesis del matrimonio entre personas del mismo sexo, como es bien sabido, la Iglesia no acepta bendecirlo o sancionarlo. No es porque haya una denigración o una falla para apreciar la intensidad de la amistad y el amor entre personas del mismo sexo. Como ya debería estar claro en este punto de esta catequesis, la Iglesia Católica sostiene que todos somos llamados a dar y a recibir amor. Comprometidas, sacrificadas, castas, las amistades entre personas del mismo sexo deben estimarse. Como los católicos están comprometidos al amor, la hospitalidad, la interdependencia y a que "lleven las cargas unos de otros",[122] la Iglesia, en todos los niveles querrá promover y apoyar oportunidades para que se den amistades castas, siempre buscando ser solidarios con aquellos que, por cualquier razón, no puedan casarse.

136. La amistad verdadera es una vocación antigua y honorable. San Elredo de Rieval observó que el deseo por un amigo surge de lo profundo del alma.[123] Los amigos verdaderos producen un "fruto" y una "armonía" mientras se ayudan mutuamente a responder a Dios, animándose a vivir el Evangelio.[124] "Desarrollada entre personas del mismo sexo o de sexos distintos, la amistad representa un gran bien para todos. Conduce a la comunión espiritual".[125]

137. Pero como también debería estar claro ahora, cuando los católicos hablamos de matrimonio, nos referimos a algo distinto de otra relación de amor particularmente intenso, aunque ese amor sea profundo y sobreviva con sacrificio por largos períodos de tiempo. La intimidad afectiva intensa y a largo plazo no es suficiente para un matrimonio. El matrimonio, como de hecho fue reconocido hasta hace muy poco en el occidente, se basa en las obligaciones que surgen de las posibilidades y desafíos planteados por el potencial reproductor del dimorfismo sexual.

138. La Iglesia invita a todos los hombres y mujeres a ver la posibilidad de una vocación en su sexo. Alcanzar la madurez como hombre o mujer significa hacernos ciertas preguntas: ¿De qué manera me está llamando Dios a integrar mi sexo dentro de su plan para mi vida? Creados a imagen de Dios, nuestro destino siempre es comunión, sacrificio, servicio y amor. La pregunta para todos y cada uno de nosotros es cómo brindaremos los aspectos sexuales de nuestra vida en las comunidades del matrimonio o del celibato. En ningún caso nuestro deseo erótico o nuestras preferencias románticas son soberanos o autónomos; en ambos casos seremos inevitablemente llamados a hacer sacrificios que no elegiríamos si estuviéramos escribiendo nuestros propios guiones.

El contexto filosófico, legal y político para el matrimonio en el presente

139. Los debates sobre la redefinición del matrimonio, incluyendo cuestiones del matrimonio entre personas del mismo sexo, plantean

preguntas legales y políticas. En teología y teoría política, los católicos se refieren a la familia como una institución pre-política.[126] Para decirlo de otra manera, legalmente la familia es "anterior" a la sociedad civil, la comunidad y el estado político, ya que "sus derechos y deberes son también anteriores y más naturales".[127] La sociedad no inventa o funda la familia; más bien, la familia es la base de la sociedad: "Así, la familia, en la que distintas generaciones coinciden y se ayudan mutuamente a lograr una mayor sabiduría y a armonizar los derechos de las personas con las demás exigencias de la vida social, constituye el fundamento de la sociedad".[128] La autoridad pública tiene, en consecuencia, la obligación de proteger y servir a la familia.

140. Hasta hace poco, esta visión de la familia también era ampliamente aceptada por los no católicos. La Declaración Universal de los Derechos Humanos de las Naciones Unidas de 1948 insiste en que "la familia es el elemento natural y fundamental de la sociedad y tiene derecho a la protección de la sociedad y del Estado".[129] Pero a medida que más jurisdicciones vuelven a imaginar el matrimonio como un asunto de preferencia individual, independientemente de cualquier conexión orgánica con la diferencia de sexos y la procreación, y promueven una visión contractual del matrimonio, este consenso desaparece. Hoy, el estado se propone más y más inventar el matrimonio y redefinirlo a voluntad.[130] Supuestamente, la familia ya no construye la sociedad y el estado; más bien, ahora el estado pretende supervisar y autorizar a la familia.

141. Algunos legisladores están ahora intentando codificar este revés filosófico en las nuevas leyes matrimoniales. En vez de recibir al matrimonio como una institución natural, la nueva perspectiva considera al matrimonio como infinitamente plástico, como maleable y subordinado a la voluntad política. La Iglesia no tiene otra opción más que oponerse a este revisionismo para proteger a las familias, los matrimonios y los hijos.

142. Una sociedad que piensa erróneamente que el matrimonio siempre se puede renegociar, que sólo le rinde cuentas al consentimiento humano autorreferente, verá al matrimonio como un contrato, esencialmente, como un acuerdo voluntario entre portadores independientes de los derechos humanos. Pero estos simples contratos no son lo mismo que un matrimonio basado en una alianza de misericordia. La lógica de tales contratos no es la lógica Paulina de Efesios 5, en el que los esposos y las esposas se aman mutuamente en el modo de la Cruz. El razonamiento detrás de estos contratos defectuosos no concuerda con el don del matrimonio como un sacramento de la alianza.

143. La Iglesia se halla obligada a oponerse a la difusión de razones falsas para el matrimonio. El Papa Francisco ha observado:

> En repetidas ocasiones ha servido de mediadora en favor de la solución de problemas que afectan a la paz, la concordia, la tierra, la defensa de la vida, los derechos humanos y ciudadanos, etc. ¡Y cuánto aportan las escuelas y universidades católicas en todo el mundo! Es muy bueno que así sea. Pero nos cuesta mostrar que, cuando planteamos otras cuestiones que despiertan menor aceptación pública, lo hacemos por fidelidad a las mismas convicciones sobre la dignidad humana y el bien común.[131]

144. Como dijimos al comienzo de esta catequesis, todas las enseñanzas de la Iglesia sobre el matrimonio, la familia y la sexualidad surgen de Jesús. La teología moral católica es una narrativa coherente que responde a las preguntas más profundas de la humanidad: una narrativa única, unificada, que surge de las convicciones cristianas básicas sobre la creación y la alianza de Dios, la caída de la humanidad, y la Encarnación, vida, Crucifixión y Resurrección de Cristo. Estas enseñanzas comprenden costos y sufrimientos para todos los que serán discípulos de Jesús, pero también abren nuevas oportunidades para el florecimiento y la belleza humanos.

145. Cuando la verdadera naturaleza del matrimonio se debilita o se entiende equivocadamente, se debilita a la familia. Cuando la familia es frágil, somos propensos a un tipo de individualismo brutal. Perdemos muy fácilmente el hábito de la bondad de Cristo y la disciplina de su alianza. Cuando la familia es fuerte, cuando la familia crea espacio para que los esposos y sus hijos practiquen el arte de la entrega siguiendo el modelo de la alianza de Dios, entonces entra la luz a un mundo oscuro. Bajo esta luz se puede ver la verdadera naturaleza de la humanidad. Es por esto que la Iglesia se opone a las sombras que amenazan a la familia.

146. *Todos nosotros somos seres caídos. El desorden en todos y cada uno de los corazones humanos tiene un contexto y consecuencias sociales. La comunión para la que fuimos creados se ve amenazada por nuestros deseos erráticos, nuestras situaciones económicas, por la pornografía, la anticoncepción, el divorcio y la confusión legal o intelectual. Pero el amor es nuestra misión, y la Iglesia busca una vida social alternativa, una comunidad basada en la premisa de Jesús de misericordia, generosidad, libertad y fidelidad. Los muchos ministerios de la Iglesia promueven la cultura de la vida, como la ayuda a los pobres, el apoyo a la Planificación Familiar Natural, o el articular una filosofía más coherente para la ley. Cuando los católicos nos oponemos al divorcio, o al matrimonio entre personas del mismo sexo, o a revisiones confusas sobre la ley matrimonial, también somos responsables de promover comunidades de apoyo y de amor.*

PREGUNTAS PARA COMENTAR —————————

a) Explique las relaciones entre la ayuda a los pobres de la Iglesia y las enseñanzas de la Iglesia sobre el sexo y la castidad.

b) ¿Cuál es la diferencia entre la anticoncepción y la Planificación Familiar Natural?

c) ¿Cuál es el denominador común entre divorcio, anticoncepción y el matrimonio entre personas del mismo sexo?

d) ¿Qué desafíos a la castidad existen en su comunidad, y adónde debería ir una persona en su parroquia para aprender sobre la perspectiva de la Iglesia? ¿De qué maneras puede apoyar su parroquia a las personas que desean vivir las enseñanzas de la Iglesia?

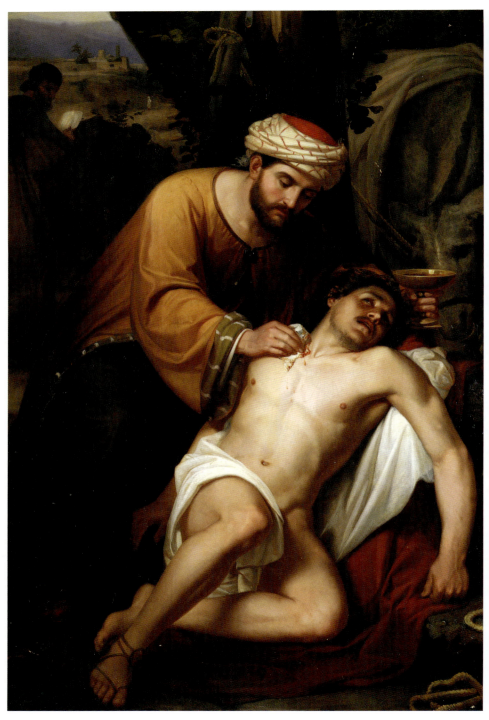

El buen samaritano, José Manchola, 1852, De Agostini Picture Library / G. Dagli Orti / Bridgemen Images

VIII. UN HOGAR PARA LOS QUE SUFREN

Muchas personas, especialmente hoy, enfrentan situaciones dolorosas que surgen de la pobreza, la discapacidad, la enfermedad y las adicciones, el desempleo y la soledad de la edad avanzada. Pero el divorcio y la atracción por el mismo sexo impactan en la vida de la familia de maneras diferentes y a la vez poderosas. Las familias y las redes de familias cristianas deben ser fuentes de misericordia, seguridad, amistad y apoyo para los que luchan contra estos problemas.

Oír las duras expresiones de Jesús

147. Al saludar a la Sagrada Familia en el templo, Simón declara que el niño Jesús está destinado a "ser una señal de contradicción". (Lucas 2, 34, LBL) Los Evangelios prueban la veracidad de estas palabras en la reacción al ministerio de Jesús por parte de sus contemporáneos. Jesús llega a ofender a muchos de sus seguidores.[132] Una razón son las "duras expresiones" que se encuentran en sus palabras.

148. Algunas de las expresiones más duras de Cristo se refieren al matrimonio, al deseo sexual y a la familia. La enseñanza de Jesús sobre la indisolubilidad del matrimonio no sólo escandaliza a los fariseos sino también a sus propios seguidores: "Si esa es la condición... es mejor no casarse", murmuran los discípulos. (Mateo 19, 10) En el Sermón de la montaña, Jesús no sólo profundiza la enseñanza del Decálogo, sino que como el Nuevo Moisés, llama a sus seguidores a una transformación radical de sus opiniones: "Ustedes han oído que se dijo: 'No cometerás

adulterio'. Pero yo les digo: Quien mira a una mujer con malos deseos, ya cometió adulterio con ella en su corazón. (Mateo 5, 27-28, LBL)

149. Los discípulos del Señor forman una nueva familia mesiánica que trasciende y tiene prioridad sobre las relaciones familiares tradicionales.[133] Para los seguidores de Cristo, el agua del Bautismo es más espesa que la sangre. La alianza del Señor brinda un nuevo contexto para entender nuestros cuerpos y nuestras relaciones.

150. La Iglesia continúa la misión de Jesús en el mundo. "Quien les escucha a ustedes, me escucha a mí", les dice Jesús a los discípulos a quienes envía en Su nombre. (Lucas 10, 16) Los obispos, en comunión con el Santo Padre, suceden a los apóstoles en su ministerio.[134] Por lo que no debería sorprender a nadie que algunas de las enseñanzas de la Iglesia sean percibidas como "duras expresiones", desfasadas de la cultura actual, especialmente acerca del matrimonio, la expresión sexual y la familia.

La Iglesia es un hospital de campaña

151. Para entender el ministerio de la Iglesia sobre enseñar correctamente, también necesitamos considerar su naturaleza pastoral. El Papa Francisco hizo una famosa comparación de la Iglesia con un "hospital de campaña tras una batalla". Dijo: "¡Qué inútil es preguntarle a un herido si tiene altos el colesterol o el azúcar! Hay que curarle las heridas. Ya hablaremos luego del resto. Curar heridas, curar heridas... Hay que comenzar por lo más elemental".[135]

152. La sexualidad es particularmente vulnerable a estas heridas. Los hombres, las mujeres y los niños pueden ser lastimados por el comportamiento sexual promiscuo (el suyo propio y el de los demás), la pornografía y otras formas de deshumanización, la violación, la prostitución, el tráfico humano, el divorcio y el temor al compromiso que se crea por una cultura que es cada vez más anti matrimonio.[136] Como la familia forma a sus miembros profundamente —dentro de una "genealogía de

la persona" de manera biológica, social y relacionada— las relaciones rotas dentro de la familia dejan heridas extremadamente dolorosas.[137]

153. El Papa Francisco nos ayuda a ver las "duras expresiones" de la Iglesia como palabras de sanación para nosotros mismos. Pero necesitamos establecer prioridades y tratar estas heridas de acuerdo a su severidad.

154. Los Evangelios están repletos de relatos sobre las sanaciones de Jesús. Cristo Médico es una imagen frecuente en la obra de San Agustín. En una homilía de Pascua escribe: "Pero el Señor, como médico y hacedor, conocía mejor que el enfermo mismo lo que pasaba en el enfermo. Los médicos hacen respecto de la salud física lo que el Señor puede hacer también respecto de la salud espiritual".[138] Recurriendo a la Parábola del buen samaritano, Agustín ve a la Iglesia como la posada donde el viajero herido es llevado para que se recupere: "Maltrechos, roguemos al Médico, seamos llevados a la posada para ser curados ... También, pues, hermanos, la Iglesia, en que el maltrecho es sanado durante este tiempo, es posada de caminante".[139]

155. En la Iglesia, la primera prioridad es llevar a las personas a un encuentro con el Médico Divino. Cualquier encuentro con Cristo trae sanación a la humanidad caída, y siempre podemos invitar al Espíritu Santo a de nuestro corazón para permitir el arrepentimiento y la conversión. En las palabras del Papa Francisco: "Invito a cada cristiano, en cualquier lugar y situación en que se encuentre, a renovar ahora mismo su encuentro personal con Jesucristo o, al menos, a tomar la decisión de dejarse encontrar por Él, de intentarlo cada día sin descanso. No hay razón para que alguien piense que esta invitación no es para él, porque nadie queda excluido de la alegría reportada por el Señor".[140]

156. Cuando el Papa Francisco hizo énfasis en un encuentro personal con Jesús, reafirmó la obra de sus predecesores. El Papa Benedicto XVI dijo: "No se comienza a ser cristiano por una decisión ética o una

gran idea, sino por el encuentro con un acontecimiento, con una Persona, que da un nuevo horizonte a la vida y, con ello, una orientación decisiva".[141] Y el Papa Juan Pablo II insistió en que: *"Para que los hombres puedan realizar este 'encuentro' con Cristo, Dios ha querido su Iglesia. En efecto, ella 'desea servir solamente para este fin: que todo hombre pueda encontrar a Cristo, de modo que Cristo pueda recorrer con cada uno el camino de la vida'".*[142]

157. La Nueva Evangelización puede entenderse como el llevar a los heridos del campo de batalla del mundo a un encuentro con el Médico Divino y la sanación que Él ofrece dentro de la comunidad de la Iglesia. El Papa Francisco ve esta tarea como el desafío de ser una "Iglesia misionera" o una "Iglesia en salida".[143]

Con paciencia y perdón, la Iglesia nos ayuda a sanar y a crecer

158. Dentro de la Iglesia, el poder sanador de la gracia de Dios se comunica a través del Espíritu Santo. El Espíritu Santo hace presente a Jesús en el culto litúrgico de la Iglesia, en su lectura devota de la Sagrada Escritura a la luz de la Sagrada Tradición, y en su oficio de enseñar, que está al servicio de la Palabra de Dios.[144] Cristo Médico se manifiesta especialmente en los Sacramentos de la Penitencia y de la Unción de los enfermos, que son los dos Sacramentos de Curación.[145]

159. Participar de la vida sacramental, desarrollar una vida de oración, practicar la caridad, las disciplinas espirituales, la responsabilidad y el apoyo de amigos de la Iglesia; todas estas son cosas que ofrecen un camino de conversión al cristiano herido pero que está sanando. Pero la conversión no se logra en un instante. Continúa, como un llamado constante para todos los miembros de la Iglesia: "Ahora bien, la llamada de Cristo a la conversión sigue resonando en la vida de los cristianos. Esta segunda conversión es una tarea ininterrumpida para toda la Iglesia que 'recibe en su propio seno a los pecadores' y que siendo 'santa

al mismo tiempo que necesitada de purificación constante, busca sin cesar la penitencia y la renovación".[146]

160. Esta naturaleza progresiva de la conversión da forma a nuestra capacidad de entender y vivir la enseñanza de la Iglesia. A propósito del progreso moral de los cristianos casados, el Papa Juan Pablo II distinguió entre la "ley de gradualidad" y la "gradualidad de la ley".[147] La "ley de gradualidad" se refiere a la naturaleza progresiva de la conversión. A medida que los cristianos se recuperan de las heridas del pecado, crecen en santidad en cada área de su vida, incluyendo su sexualidad. Cuando no pueden llegar a esto, necesitan regresar a la misericordia de Dios, a la que se accede mediante los sacramentos de la Iglesia.

161. La "gradualidad de la ley", por otra parte, es la idea errónea de que existen "varios grados o formas de precepto en la ley divina para los diversos hombres y situaciones".[148] Por ejemplo, algunos sostienen erróneamente que las parejas casadas que encuentran molesta la enseñanza católica sobre la paternidad responsable deben ser alentadas a seguir sus propias conciencias al elegir la anticoncepción. Esta es una forma falsa de gradualidad. En realidad enmascara una especie de paternalismo, negando la capacidad de algunos miembros de la Iglesia a responder a la plenitud del amor de Dios, y buscando "bajar la expectativa" de la enseñanza moral cristiana para ellos.

162. Con un espíritu de verdadera gradualidad, recientemente el Papa Francisco alabó la fortaleza de su predecesor, Pablo VI, en su encíclica *Humanae vitae (Sobre la Vida Humana)*. Al oponerse a la cada vez mayor presión social para el control de la población, el Papa Francisco dijo sobre el Papa Pablo: "su genialidad fue profética, pues tuvo el coraje de ir contra la mayoría, de defender la disciplina moral, de aplicar un freno cultural, de oponerse al neo malthusianismo presente y futuro".[149]

163. Pero al mismo tiempo, el Papa Francisco mencionó que Pablo VI les dijo a los confesores que interpretaran su encíclica con "mucha misericordia y atención a las situaciones concretas... El tema no es cambiar la doctrina, sino ir a fondo y asegurarse de que la pastoral tenga en cuenta las situaciones de cada persona y lo que esa persona puede hacer".[150] Por lo tanto, la Iglesia llama a sus miembros a la plenitud de la verdad, y los anima a sentir la misericordia de Dios a medida que crecen en su capacidad de vivirla.

La enseñanza católica depende de la comunidad católica

164. Muchas de las enseñanzas morales de Cristo —y por lo tanto la ética católica— son exigentes. Pero suponen en los cristianos un espíritu de discipulado, una vida de oración y un compromiso hacia el testimonio cristiano social y económico. Sobre todo, presuponen la vida en una *comunidad* cristiana: esto es, una familia de otros hombres y mujeres que han encontrado a Jesús, que confiesan juntos que Él es el Señor, deseando su gracia para que dé forma a sus vidas y los ayude a responderle.

165. La enseñanza católica sobre la homosexualidad debe entenderse bajo esa luz. La misma enseñanza que llama a las personas que son atraídas por personas del mismo sexo, a vivir vidas de castidad en la forma de la continencia, llama a *todos* los católicos a que abandonen sus propios miedos, a apartarse de la discriminación injusta y a recibir a sus hermanos y hermanas homosexuales en la comunión del amor y la verdad dentro de la Iglesia.[151] *Todos* los cristianos están llamados a enfrentar sus inclinaciones sexuales desordenadas y a crecer en la castidad, pues ningún ser humano queda afuera de este llamado, y por lo tanto, en su capacidad de dar y recibir amor de una manera acorde a su condición en la vida.[152] Aún así, la respuesta a estos llamados a la conversión es, inevitablemente, un trabajo en pleno desarrollo por parte de nosotros, pecadores que nos recuperamos y quienes conformamos a la Iglesia. La clave es crear dentro de la familia, la parroquia, y la comuni-

dad cristiana a un nivel más amplio, un entorno de apoyo mutuo donde el crecimiento y el cambio moral puedan ocurrir.

166. Algo de la urgencia de hoy por aprobar o dar estatus legal a la cohabitación de personas del mismo sexo y de distinto sexo proviene de un comprensible temor a la soledad. Cada vez más, en la mayoría de la sociedad cultural secular, tener un compañero erótico es percibido como una necesidad virtual, y las personas piensan que la enseñanza de la Iglesia es cruel, por condenar a los hombres y las mujeres a una vida de soledad.

167. Pero si los feligreses comunes entendieron las razones detrás del celibato como una práctica comunitaria, y si más Iglesias domésticas tomaran el apostolado de la hospitalidad con más seriedad, entonces la antigua enseñanza de la Iglesia sobre la castidad vivida en continencia fuera del matrimonio se vería más plausible a los ojos modernos. En otras palabras, si nuestras parroquias realmente fueran lugares donde "soltero" no significa "solitario", donde extensas redes de amigos y familias compartieran mutuamente sus alegrías y sus penas, entonces quizás, al menos, algunas de las objeciones del mundo a las enseñanzas de la Iglesia serían aplacadas. Los católicos pueden aceptar apostolados de hospitalidad sin importar lo hostil o indiferente que pueda ser la cultura que los rodea. Nadie limita a los católicos laicos u ordenados en la amistad que podemos ofrecer a aquellos que luchan.

168. En su cuidado pastoral de los divorciados y vueltos a casar, la Iglesia ha buscado combinar la fidelidad a las enseñanzas de Jesús sobre la indisolubilidad del matrimonio, que consternó a sus discípulos, con la misericordia en el corazón de Su ministerio. Considera, por ejemplo, la enseñanza de Benedicto XVI sobre la situación pastoral de los hombres y las mujeres divorciados:

> Me parece una gran tarea de una parroquia, de una comunidad católica, el hacer realmente lo posible para que sientan que

son amados, aceptados, que no están "fuera"... Es muy importante... para que puedan ver que son acompañados, guiados. ... Y... que este sufrimiento no es sólo un tormento físico y psicológico, sino que también es un sufrir en la comunidad de la Iglesia por los grandes valores de nuestra fe. Pienso que su sufrimiento, si se acepta de verdad interiormente, es un don para la Iglesia. Deben saber que precisamente de esa manera sirven a la Iglesia, están en el corazón de la Iglesia.[153]

169. En otras palabras, Benedicto presupuso la verdad de lo que enseñó Cristo, pero no desestimó simplemente a los divorciados y vueltos a casar diciéndoles que apretaran sus dientes o sufrieran en soledad. Esta no es la manera de la Iglesia, y cualquier católico que actúe como si lo fuera debería recordar que uno de los delitos de los fariseos fue cargar a los demás con leyes, sin "levantar un dedo" para ayudar a las personas con estas cargas. (Mateo 23, 4) Más bien, Benedicto repite el *Catecismo de la Iglesia Católica* el cual dice que: "los sacerdotes y toda la comunidad deben dar prueba de una atenta solicitud" a los católicos divorciados, para que no se sientan excluidos.[154]

170. Los lazos de la amistad hacen tolerables las exigencias del discipulado. "Lleven las cargas unos de otros"[155] dentro de la comunidad cristiana, permitan a sus miembros seguir un camino de sanación y conversión. La caridad fraternal hace que la fidelidad sea posible. También ofrece un testimonio y un apoyo al resto de la Iglesia. El *Catecismo de la Iglesia Católica* tiene algo así en mente cuando dice que los cónyuges que perseveran en matrimonios difíciles "merecen la gratitud y el apoyo de la comunidad eclesial".[156] Lo mismo debería decirse de todos quienes se encuentren en situaciones familiares exigentes.

171. En una cultura que oscila por un lado entre el anonimato, y por el otro en una curiosidad voyerista sobre "los detalles de la vida de los demás", el Papa Francisco nos llama para que nos acompañemos mutuamente en la tarea del crecimiento espiritual.[157] Él dice: "De todos

modos, un buen acompañante no consiente los fatalismos o la pusilanimidad. Siempre invita a querer curarse, a cargar la camilla, a abrazar la cruz, a dejarlo todo, a salir siempre de nuevo a anunciar el Evangelio".[158] Aquellos que son sanados, entonces, son capaces de extender la invitación para sanar a los demás.

172. La fe cristiana y la salvación que conlleva, no son individualistas; son profundamente comunitarias: "La fe tiene una configuración necesariamente eclesial, se confiesa dentro del cuerpo de Cristo, como comunión real de los creyentes. Desde este ámbito eclesial, abre al cristiano individual a todos los hombres. La palabra de Cristo, una vez escuchada y por su propio dinamismo, en el cristiano se transforma en respuesta, y se convierte en palabra pronunciada, en confesión de fe".[159]

173. *Jesús enseñó muchas cosas sobre el sexo y el matrimonio, que han sido difíciles de vivir tanto en la antigüedad como en el presente. Pero no estamos solos cuando enfrentamos estas dificultades. Debemos vivir la vida en el Cuerpo de Cristo como miembros interdependientes que se edifican mutuamente en el amor.[160] La enseñanza de la Iglesia, los sacramentos y la comunidad, existen todos para ayudarnos en la travesía. Con paciencia, perdón y confianza, en el Cuerpo de Cristo, juntos podemos sanar y vivir de maneras que de otra forma parecerían imposibles.*

PREGUNTAS PARA COMENTAR —————————

a) La Iglesia es un hospital de campaña. ¿De qué manera ayuda la Iglesia a los heridos? ¿Cómo podemos hacerlo mejor?

b) ¿Por qué los católicos no son individualistas morales? ¿Por qué hacemos énfasis en el apoyo de la comunidad? ¿Cómo ha percibido la gracia de Dios obrando por medio de una comunidad?

c) En su cultura, ¿cuáles son los obstáculos para crear amistades espirituales cercanas? ¿Cómo puede su parroquia o su diócesis fomentar las amistades católicas?

d) ¿Qué apoyo existe en su parroquia o diócesis para avanzar en la castidad? ¿Hay grupos de apoyo u oportunidades para la educación? ¿Con qué frecuencia se ofrece el Sacramento de la Penitencia, y hay oportunidades para la dirección espiritual?

Pentecostés, Iglesia de Santa Bárbara, Cairo, Egipto, siglo XIV,
De Agostini Picture Library / G. Dagli Orti / Bridgeman Images

IX. MADRE, MAESTRA Y FAMILIA: LA NATURALEZA Y LA FUNCIÓN DE LA IGLESIA

La Iglesia tiene formas institucionales porque debe trabajar en el mundo. Pero eso no agota su esencia. La Iglesia es la Esposa de Cristo; es "ella", no "esa". Según las palabras de San Juan XXIII, ella es nuestra madre y maestra, nuestra consoladora y guía, nuestra familia de fe. Aunque su pueblo y sus líderes pequen, seguimos necesitando la sabiduría de la Iglesia, sus Sacramentos, su apoyo y su proclamación de la verdad, porque ella es el cuerpo de Jesús mismo en el mundo; la distinguida familia del pueblo de Dios.

La Iglesia es nuestra Madre; nosotros somos sus hijos

174. La Iglesia es la Jerusalén celestial, "la Jerusalén de arriba ... madre nuestra" (*Ga* 4, 26).[161] La Iglesia es la "madre de nuestro nuevo nacimiento".[162] La Iglesia, como Esposa Virgen de Cristo, da a luz a hijos, y cada uno "nace de nuevo desde arriba... renace del agua y del Espíritu". (Juan 3, 3. 5)

175. ¿Qué quiere decir "nace de nuevo desde arriba"? ¿Significa no tener identidad terrenal después del Bautismo? No, pero sí significa que "de las fuentes bautismales nace el único pueblo de Dios de la Nueva Alianza que trasciende todos los límites naturales o humanos de las naciones, las culturas, las razas y los sexos: 'Porque en un solo Espíritu hemos sido todos bautizados, para no formar más que un cuerpo'".[163] Significa que, como hijos de la Iglesia, tenemos una identidad nueva

que no destruye, sino que trasciende, todas estas son las maneras en que los seres humanos construyen su identidad naturalmente.

176. Como miembros de la Iglesia, somos miembros de ese "cuerpo único", que no es definido por ninguna clasificación humana, como la edad, la nacionalidad o la inteligencia; ni ningún logro humano, como la eficiencia, la organización o la virtud moral. Si cualquiera de estos atributos humanos definiera a la Iglesia, no naceríamos de nuevo "desde arriba", sino solamente desde aquí abajo, desde nosotros mismos y desde nuestras capacidades limitadas. Porque no importa lo inteligentes o virtuosos que seamos; nada se compara con el amor perfecto de Cristo y su Esposa, la Jerusalén de arriba, nuestra Madre, la Iglesia. Al hacernos hijos suyos, estamos recibiendo un don, una identidad nueva en Cristo que no podemos darnos a nosotros mismos.

Cómo y por qué la Iglesia es santa

177. Cuando decimos que la Iglesia es "inmaculada", no ignoramos que todos sus miembros son pecadores, ya que la Iglesia es "a la vez santa y siempre necesitada de purificación".[164] Su santidad es la santidad de Cristo, su Esposo. Es el amor de Cristo, el Esposo, el que crea la Iglesia en primer lugar: "[L]a Iglesia ha nacido principalmente del don total de Cristo por nuestra salvación, anticipado en la institución de la Eucaristía y realizado en la Cruz. ... Del mismo modo que Eva fue formada del costado de Adán adormecido, así la Iglesia nació del corazón traspasado de Cristo muerto en la Cruz".[165]

178. Podríamos decir que la "constitución" de la Iglesia no es ninguna virtud, santidad ni logro que hayamos alcanzado, sino el amor abnegado de Cristo. Cuando nacemos de la Iglesia como Madre nuestra, nacemos de este amor de Cristo. Este amor le da a la Iglesia su identidad, no como una nación, una agrupación ni un club constituido humanamente entre otros, sino como la "Esposa" quien es "una sola carne" con Cristo y, por lo tanto, un solo Cuerpo.

179. Este amor, del que nacemos en Cristo, es un amor que no podemos darnos a nosotros mismos. Una vez recibido, es purificador para que la Iglesia, en la persona de cada uno de sus hijos, esté siempre transformándose en el amor de Cristo hasta que Él se forme plenamente en todos nosotros. Este es el significado de la imagen de la Iglesia peregrina, una Iglesia "en peregrinación" hacia su perfección final, perfección en el amor mismo, y por el amor mismo, que la define en primer lugar.

180. Hasta ese momento, la Iglesia hallará que en su peregrinaje "avanza continuamente por la senda de la penitencia y de la renovación"[166] y no puede reivindicar la perfección, y de hecho no lo hace, salvo en su dote, la sangre de Cristo que es su amor.

Cuando los católicos pecan, no se borra lo que hay de santo en la Iglesia

181. El que la Iglesia esté basada en Cristo significa que el pecado en ella, incluso el pecado en sus ministros ordenados, no puede invalidar la identidad de la Iglesia ni su santidad, porque su identidad no proviene de ninguno de nosotros. Proviene de Cristo. En el Antiguo Testamento, el pueblo de Dios, Israel, se definió por la alianza con Dios y por muchos que hubieran sido sus pecados no podrían haber invalidado esa "decisión" ni la identidad que les daba como pueblo de Dios. A dondequiera que fueran, Dios no los abandonaba. Quienquiera que se encontrara con ellos encontraba siempre al pueblo de Dios, sin importar los pecados que cualquiera de sus miembros hubiera cometido.

182. La fidelidad de la alianza de Dios se aplica también a la Iglesia. El milagro de la Iglesia es que al amor de Cristo que la define no puede ser borrado por ningún pecado de sus miembros. La Iglesia es una sociedad visible en el mundo, pero una sociedad que no está definida por nada que sea "del" mundo. Eso es lo hermoso de la Iglesia. No tenemos que esperar la creación de una asociación de doce personas perfectas antes de que podamos declarar que tenemos una Iglesia en la que valga la pena creer. No ponemos nuestra fe en las virtudes o en

las perfecciones humanas, sino que creemos en Jesucristo, quien murió por nosotros y por cuya sangre somos *"una raza elegida, un reino de sacerdotes, una nación consagrada"*, el propio pueblo de Dios para que proclamemos sus milagros; pues Él nos llamó de la oscuridad a su maravillosa luz. (1.ª Pedro 2, 9)

Autoridad y responsabilidad educativa de la Iglesia

183. La Iglesia como Madre nuestra, al impartirnos una identidad nueva en el amor y la santidad en la que ella misma se formó, tiene también la responsabilidad de enseñarnos, de formarnos más perfectamente en la nueva identidad que hemos recibido, no del mundo, sino "de arriba". No existe autoridad secular que pueda eximir a la Iglesia de esta función, porque la identidad que ella recibe y luego imparte no proviene de los logros mundanos, como hemos visto, sino que los trasciende y los perfecciona. Mejor dicho, "el oficio pastoral del Magisterio", o autoridad educativa de la Iglesia, "está dirigido, así, a velar para que el Pueblo de Dios permanezca en la verdad que libera".[167]

184. La autoridad educativa de la Iglesia sirve a todo el pueblo de Dios al conservar intacta la verdad del Evangelio, junto con todas las enseñanzas morales reveladas, explícita e implícitamente en el Evangelio, que nutren la libertad humana. Esto incluye verdades tales como la dignidad de las personas humanas, las bondades de la creación, la nobleza del estado matrimonial y su orientación intrínseca hacia una comunión de amor dadora vida. Estas verdades no pueden ser anuladas por los pecados cometidos contra las dignidades que proclaman. Dichos pecados más bien llaman a la Iglesia a proclamarlas con más fidelidad todavía, aun cuando ella busque renovarse en esas mismas verdades y en el amor del que provienen.

Cómo los matrimonios y las familias cumplen con el testimonio de la Iglesia

185. Los esposos cristianos tienen la función clave de proclamar estas mismas verdades, de la manera que resulta más persuasiva para el

mundo; o sea, con una vida que se transforma permanentemente por el amor impartido a las parejas en el Sacramento del Matrimonio, y que define su comunión como marido y mujer. El Papa Francisco ha descrito de una manera conmovedora el testimonio de la verdad que los esposos cristianos pueden ofrecer, apoyados en las gracias del Sacramento del Matrimonio:

> Los esposos cristianos no son ingenuos, conocen los problemas y peligros de la vida. Pero no tienen miedo a asumir su responsabilidad, ante Dios y ante la sociedad. Sin huir, sin aislarse, sin renunciar a la misión de formar una familia y traer al mundo hijos. —Pero, Padre, hoy es difícil... —Ciertamente es difícil. Por eso se necesita la gracia, la gracia que nos da el Sacramento. Los Sacramentos no son un adorno en la vida. "Pero qué hermoso matrimonio, qué bonita ceremonia, qué gran fiesta!". Eso no es el Sacramento; no es ésa la gracia del Sacramento. Eso es un adorno. Y la gracia no es para decorar la vida, es para darnos fuerza en la vida, para darnos valor, para poder caminar adelante. Sin aislarse, siempre juntos. Los cristianos se casan mediante el Sacramento porque saben que lo necesitan.[168]

186. Tanto el Papa Juan Pablo II como el Papa Benedicto XVI tuvieron ocasión de citar un pasaje de la exhortación apostólica de Pablo VI *Evangelii nuntiandi*: "El hombre contemporáneo escucha más a gusto a los que dan testimonio que a los que enseñan o, si escuchan a los que enseñan, es porque dan testimonio".[169] El Papa Francisco está llamando a los esposos cristianos a ser la clase de maestros a los que el hombre contemporáneo escucha, maestros que enseñan por su testimonio y así defienden la verdad y exhiben su persuasión en su apertura a la vida nueva, en el abrigo de su mutuo amor y en la disposición de su hospitalidad, como oasis de amor y misericordia en una cultura tan frecuentemente marcada por el cinismo, la dureza de corazón y el desánimo.

187. El testimonio de los esposos cristianos puede traer luz a un mundo que ha llegado a valorar la eficiencia sobre las personas, el "tener" sobre el "ser", olvidando así los valores de las "personas" y del "ser" en su totalidad. Que los casados en Cristo sean fieles testigos de su amor y, de esa forma, se conviertan en maestros de la verdad, que intrínsecamente cautiva siempre y en todas partes.

188. *La Iglesia es una institución, pero siempre es más que una institución. Es una madre, una esposa, un cuerpo, una familia y una alianza. Todos los bautizados son hijos suyos, lo que nos da a los cristianos nuestra identidad más fundamental y auténtica. Así como nuestros propios pecados no borran jamás nuestra creación a imagen de Dios ni nuestra pertenencia a la familia de Dios, cuando los católicos pecan, eso no borra la santidad de la Iglesia. La esencia de la Iglesia depende de Jesús, un cimiento que nos hace responsables, pero que también es más profundo y más seguro que cualquier logro o fracaso humano. A pesar de sus numerosos defectos, la Iglesia no puede eludir la responsabilidad de predicar el Evangelio y, por eso, llevamos adelante su misión de amor.*

PREGUNTAS PARA COMENTAR ────────────

a) ¿Cómo nos protege la alianza de Dios, aun cuando pecamos?

b) Todo el mundo peca, hasta los líderes católicos. ¿Por qué decimos que, de todas maneras, la Iglesia es santa?

c) ¿Qué quiere Jesús que hagamos cuando la Iglesia no vive según sus principios?

d) ¿Por qué Jesús ama a la Iglesia? ¿Qué aspectos de la Iglesia lo satisfacen? ¿Cuáles lo decepcionan?

Circle of Love (Círculo de amor), © 2014 Michael Escoffery / Sociedad de los Derechos de los Artistas (ARS por sus siglas en inglés), Nueva York. Foto: Michael Escoffery / Art Resource, NY

X. ELEGIR LA VIDA

Dios nos hizo por una razón. Su amor es nuestra misión en la vida. Esta misión nos permite encontrar nuestra verdadera identidad. Si decidimos abrazar esta misión, tendremos una perspectiva nueva sobre muchas cuestiones, no solo la familia. Vivir la misión de la Iglesia doméstica significa que las familias católicas vivirán, a veces, como minorías, con valores diferentes de los que tiene la cultura que las rodea. Nuestra misión de amor exigirá valentía y fortaleza. Jesús está llamando y nosotros podemos responder, eligiendo una vida de fe, esperanza, caridad, gozo, servicio y misión.

Nuestra misión para toda la vida

189. Comenzamos esta catequesis explicando que Dios nos hizo por una razón. El Dios que encontramos en Jesucristo nos ama y nos llama a amar como Él. Si comprendemos que el amor es nuestra misión en nuestro matrimonio, nuestra familia, nuestros hijos y nuestra parroquia, entonces hemos aprendido una verdad básica que dará forma a muchas otras áreas de la vida.

190. Por ejemplo, si la fidelidad a la alianza exige restricciones, si nuestro cuerpo y el mundo material pueden ser recipientes de gracia divina, entonces podemos encarar las cuestiones de la ecología, la tecnología y la medicina con humildad renovada. Del mismo modo, si cumplimos el compromiso de Dios a un amor de alianza más fuerte que el sufrimiento, entonces tenemos nuevos motivos para solidarizarnos con quienes están tristes o sufren. Si comprendemos que la imagen de Dios, y por lo tanto la dignidad humana, tiene un origen mucho más profundo que

cualquier destreza o logro humano contingente, entonces podemos comprender por qué la Iglesia tiene tanto amor por los muy jóvenes, los mayores, los discapacitados y todos aquellos que siempre dependerán del cuidado básico de los demás.

191. Ahora nos damos cuenta de por qué una catequesis sobre la familia ha sido en realidad una catequesis para todo lo que hay en la vida. Como dice el Papa Francisco: "El anuncio del Evangelio, en efecto, pasa ante todo a través de las familias, para llegar luego a los diversos ámbitos de la vida cotidiana".[170] Si hemos aprendido a pensar en nuestra familia como una Iglesia doméstica, si hemos aprendido por qué el individualismo moral no es el contexto correcto para recibir la enseñanza católica, entonces hemos adoptado un punto de vista que dará una nueva orientación a toda nuestra identidad.

Vivir como una minoría creativa

192. Las perspectivas católicas sobre el significado de la vida y sobre cómo vivir bien no persuadirán a todo el mundo en esta época. La era de la "cristiandad", cuando los occidentales podían al menos asumir una cierta congruencia aproximada entre los valores públicos y los valores católicos, está desapareciendo. Los católicos de Occidente, posteriores a esa cristiandad, están aprendiendo a vivir como cristianos en muchas otras partes del mundo, lugares como África o Asia, donde los cristianos nunca han sido mayoría.

193. La condición de minoría en una cultura no significa una posición marginal o irrelevante. El *Catecismo de la Iglesia Católica*, al enseñar sobre nuestra vocación a participar en la sociedad, cita una carta cristiana escrita en un tiempo en el que la Iglesia estaba lejos de ser reconocida o socialmente prestigiosa. La tentación a recluirse debe haber sido real, pero la carta dice: "No viváis aislados, cerrados en vosotros mismos, como si estuvieseis ya justificados, sino reuníos para buscar juntos lo que constituye el interés común".[171] Este espíritu abierto y orientado al servicio tiene en verdad un linaje aún más antiguo. Dijo el profeta

Jeremías a los judíos desterrados en Babilonia, a pesar de que los babilonios habían saqueado Jerusalén y tomado prisioneros a los judíos: "Preocúpense por la prosperidad del país donde los he desterrado y rueguen por él a Yavé; porque la prosperidad de este país será la de ustedes". (Jeremías 29, 7)

194. Vivir en el exilio como una minoría creativa y fiel exige disciplina espiritual. En el libro de Daniel, él y sus amigos judíos pueden servir en la corte del rey babilonio Nabucodonosor. El hecho de que los judíos llegaran a servir a un rey pagano, es en sí mismo sorprendente. Pero ellos le resultaron útiles al rey precisamente por no haber dejado de ser judíos fieles.

195. La razón de que tuvieran la sabiduría que los magos del rey no poseían estaba en que ellos habían adaptado su vida a la fe de un solo Dios verdadero. Decían sus oraciones[172] y respetaban la disciplina judía principal (como por ejemplo las restricciones alimenticias[173]). Eran levadura en un palacio pagano, porque sabían quiénes eran. Sabían cómo estar en un mundo social determinado, sin pertenecer a él. Y sabían cuándo no hacer concesiones —sabían que a veces pagarían cara su identidad religiosa— no obstante, aceptaron el foso de los leones y el horno ardiente antes que traicionar a su Dios y adorar a ídolos.

196. Los católicos, entonces, tenemos estrategias y precedentes para vivir la fe en un mundo que no comprende nuestras creencias o que no esté de acuerdo con nosotros. Si nuestra forma de vida es diferente de la del mundo, de todas maneras tenemos una esperanza firme y claridad de pensamiento, "un plan que sobrepasa los propios proyectos, que nos sostiene y nos permite entregar totalmente nuestro futuro a la persona amada".[174] Contamos con unas bases sólidas para independizarnos de las fuerzas destructivas de la sociedad y la cultura, y son estas mismas bases las que nos orientan para amar y participar en la sociedad y la cultura. El "amor que mueve el sol y las demás estrellas",[175] el amor que creó y que sostiene todo lo que existe, es el mismo amor que anima a nuestro matrimonio, nuestra familia, nuestro hogar y nuestra Iglesia.

Podemos estar seguros de que, si seguimos a este amor, aun al pie de la cruz, nuestros sufrimientos nos harán más reales, más auténticamente humanos, y que la resurrección y la vindicación están llegando, porque seguimos a un Señor confiable. Este amor nos dará la fortaleza para amar de manera muy particular, como la sal de la tierra.[176]

Todos somos misioneros

197. San Juan Pablo II exhortó "familia, ¡sé lo que eres!"[177] y sus palabras no han perdido en absoluto su energía; su importancia solo se ha intensificado frente a los numerosos desafíos que experimentan las familias hoy en día. El entendimiento de Juan Pablo era que la misión de la familia emana de su identidad en el plan de Dios. "Y dado que, según el designio divino, está constituida como 'íntima comunidad [conyugal] de vida y de amor', la familia tiene la misión de ser cada vez más lo que es, es decir, comunidad de vida y amor, en una tensión que, ... hallará su cumplimiento en el Reino de Dios".[178] Según las palabras de Juan Pablo II, la misión fundamental de la familia es por lo tanto "custodiar, revelar y comunicar el amor", una misión que es "reflejo vivo y participación real del amor de Dios por la humanidad y del amor de Cristo Señor por la Iglesia su esposa".[179] Cuando la familia acepta su identidad misionera, se transforma en aquello que siempre debió ser.

198. Esta misión no está reservada para unos pocos ni para los extraordinarios. Tampoco quiere decir que de algún modo las familias tengan que dejar de ser ellas mismas o que, para dar testimonio del Evangelio, tengan que ir en pos de alguna perfección imposible. La familia cristiana está llamada a profundizar el amor y la vida que ya son elementales para ser una familia, así como a reflexionar sobre ellos y a dar testimonio de ellos.

199. La familia es una comunión de amor fundada en la entrega de uno mismo a la comunión de dos personas en una sola carne como marido y mujer. Esta comunión indisoluble de marido y mujer es la que crea el marco para toda la familia como una verdadera comunidad de personas.[180]

Es en la familia que el amor se aprende como una ofrenda del ser, una ofrenda que el niño primero recibe del padre y de la madre, y que luego devuelve a los demás y la comparte con ellos. La familia es el lugar donde se aprende el valor de la comunidad y se forma así la base para la comunión en la sociedad. De esta manera, los matrimonios y las familias que se esfuerzan por amar en unidad y fidelidad ofrecen un testimonio esencial en el hogar, el vecindario, la parroquia, las comunidades locales y dondequiera que vayan, ya sea por servicio, trabajo o esparcimiento.

La Iglesia doméstica hallará su plenitud en la misión para la Iglesia universal

200. La Iglesia no ha estado nunca lejos del hogar familiar. Cristo mismo nació, se crió y se formó "en el seno de la Sagrada Familia de José y de María".[181] María, como virgen y como madre, sintetiza de manera única y hermosa la vocación al celibato y la vocación a la maternidad.[182] En su vida junta, la Sagrada Familia de Nazaret es un ejemplo y es intercesora por todas las familias. Durante su propio ministerio público, Jesús visitaba con frecuencia la casa de otras familias o se quedaba con ellas, especialmente la de San Pedro en Cafarnaún.[183] San Pablo, en sus saludos, agradecía también a determinados discípulos, en particular a la pareja de Prisca y Aquila, y a la "Iglesia que se reúne en su casa".[184] Como enseña el *Catecismo de la Iglesia Católica*:

> Desde sus orígenes, el núcleo de la Iglesia estaba a menudo constituido por los que, "con toda su casa", habían llegado a ser creyentes. Cuando se convertían deseaban también que se salvase "toda su casa". Estas familias convertidas eran islotes de vida cristiana en un mundo no creyente.[185]

201. Hablar de la familia como una Iglesia doméstica significa que lo que se dice de la Iglesia en sí misma a menudo puede decirse análogamente de la familia cristiana y que, por lo tanto, la familia cristiana cumple una función clave dentro de la Iglesia y del mundo. El papa

Juan Pablo II habló del "cometido eclesial propio y original" de la familia cristiana: "La familia cristiana está llamada a tomar parte viva y responsable en la misión de la Iglesia de manera propia y original, es decir, poniendo a servicio de la Iglesia y de la sociedad su propio ser y obrar, en cuanto *comunidad íntima de vida y de amor*".[186]

202. El *Compendio del Catecismo de la Iglesia Católica* describe el Sacramento del Matrimonio, junto con el Orden Sagrado, como sacramentos "al servicio de la comunión y de la misión".[187] El matrimonio y la familia sirven y edifican la comunión de la Iglesia y contribuyen e impulsan su misión de proclamar el Evangelio y de amar como Cristo ha amado. A veces puede haber una tendencia a pensar únicamente en cómo la Iglesia (y cómo nuestra diócesis y nuestra parroquia en particular) sirve a los matrimonios y a las familias. Ciertamente esta es una parte vital del compromiso pastoral de la Iglesia.

203. Pero, tan importante como eso, y quizás aún más urgente, es pensar en cómo la familia cristiana ama y sirve a la parroquia, a la diócesis, a la Iglesia universal y al mundo. El ministerio destinado a asistir a las familias debe ayudarlas a que, a su vez, ellas mismas sean misioneras. Esto es, en cierto sentido, un cambio paradigmático que espera el completo florecimiento en la Iglesia: darle rienda suelta a la familia cristiana para la obra de promover el Evangelio. En la raíz de esto no hay otra cosa que un redescubrimiento de la vocación del matrimonio como una vocación para transformarse en una Iglesia doméstica.

204. La Iglesia doméstica no es un concepto abstracto. Es una realidad, una vocación y una misión fundada sobre el Sacramento del Matrimonio, que muchos viven. Cristo todavía sigue llamando: familias cristianas, la Iglesia las necesita; el mundo las necesita.

205. *Familia, sé lo que eres.*[188] *Elige la vida, y luego, que tú y tus descendientes vivan amando al Señor, tu Dios, obedeciendo su voz y aferrándose a Él.*[189] *Esta misión a veces te marcará como algo diferente en tu sociedad. Vivir tu testimonio de amor exigirá compromiso y disciplina espiritual, pero*

no temas. La Iglesia está contigo. El Señor está contigo. El Señor ha hecho una alianza contigo. El Señor está llamando. Él será fiel y tu alianza dará frutos. El amor es tu misión, la base para toda comunión, una profunda aventura de servicio, belleza y verdad.

PREGUNTAS PARA COMENTAR

a) ¿De qué manera una catequesis sobre la familia es en realidad una catequesis para la totalidad de la vida? ¿De qué maneras se relacionan las enseñanzas católicas sobre la naturaleza humana, el sexo, el matrimonio y la familia con los demás aspectos de la vida?

b) Los valores y las costumbres de su comunidad, ¿hacen que ser católico sea fácil o difícil? En su cultura, ¿son ustedes libres de ser plenamente católicos o existen presiones que comprometen la fe? ¿Cómo pueden ustedes participar en su cultura sin apartarse de su fe?

c) ¿Su familia se ve a sí misma como una Iglesia doméstica? ¿Qué valores son visibles en el estilo de vida de su hogar? ¿Qué pasos pueden dar para ser mejores misioneros?

d) ¿Qué apoyo de la Iglesia necesita su familia? ¿Cómo puede ayudarlos la Iglesia? ¿Cómo pueden ustedes ayudar a la Iglesia y a otras familias?

ORACIÓN PARA EL ENCUENTRO MUNDIAL DE LAS FAMILIAS EN FILADELFIA EN 2015

Dios y Padre de todos nosotros,
en Jesús, tu Hijo y nuestro Salvador,
nos has hecho tus hijos e hijas
en la familia de la Iglesia.
Que tu gracia y amor
ayuden a las familias
en cualquier parte del mundo
a estar en unión con las demás
en fidelidad al Evangelio.
Que el ejemplo de la Sagrada Familia,
con la ayuda de tu Espíritu Santo,
guíe a todas las familias, especialmente a las más atribuladas,
a ser casas de comunión y oración
y a buscar siempre tu verdad y vida en tu amor.
Por Cristo nuestro Señor. Amén.

¡Jesús, María y José, rueguen por nosotros!

ABREVIATURAS USADAS EN ESTE DOCUMENTO

CCIC, Compendio: Catecismo de la Iglesia Católica
CDC, Código de Derecho Canónico
CDSI, Compendio de la Doctrina Social de la Iglesia
CIC, Catecismo de la Iglesia Católica
CV, *Caritas in veritate*
DCE, *Deus caritas est*
DD, *Dies domini*
DV, *Dei verbum*
EG, *Evangelii gaudium*
EN, *Evangelii nuntiandi*
FC, *Familiaris consortio*
GrS, *Gratissimam sane*
GS, *Gaudium et spes*
HV, *Humanae vitae*
LBL, La Biblia Latinomérica
LF, *Lumen fidei*
LG, *Lumen gentium*
MD, *Mulieris dignitatem*
NMI, *Novo millennio ineunte*
PP, *Populorum progressio*
RH, *Redemptor hominis*
RN, *Rerum novarum*
SC, *Sacramentum caritatis*
TdC, Teología del Cuerpo

VS, *Veritatis splendor*

Los libros de la Biblia están abreviados de conformidad con el CIC.

NOTAS FINALES

1   Cf. Catecismo de la Iglesia Católica (CIC) (1992), 425-427.

2   Papa Francisco, Encíclica *Lumen fidei* (LF) (2013), 52.

3   Cf. LF, 57.

4   Papa Juan Pablo II, Encíclica *Redemptor hominis* (RH) (1979), 9.

5   CIC, 426.

6   LF, 57.

7   Concilio Vaticano II, Constitución pastoral *Gaudium et spes* (GS) (1965), 22.

8   GS, 19.

9   Benedicto XVI, Celebración eucarística, homilía por el VII Encuentro Mundial de las Familias, Milán (3 de junio de 2012).

10   CIC, 2331.

11   Papa Juan Pablo II, Carta apostólica *Mulieris dignitatem* (MD) (1988), 7.

12   MD, 7.

13   GS, 19.

14   RH, 10.

15   Cf. Gn 1, 26-27; 2, 24.

16   Papa Juan Pablo II, Exhortación apostólica *Familiaris consortio* (FC) (1981), 11. Cf. Gn 1, 26-27; 1 Jn 4, 8 y GS 12.

17   Papa Benedicto XVI, Encíclica *Deus caritas est* (DCE) (2005), 11.

18   Cf. también Mt 15, 32-39; Mc 6, 31-44; 8, 1-9; Lc 9, 10-17 y Jn 6, 5-15.

19   Papa Benedicto XVI, Discurso "A los participantes en el Foro de las Asociaciones Familiares", Roma (16 de mayo de 2008).

20   DCE, 11.

21   Joseph Ratzinger, *En el principio …: Una comprensión católica de la historia de la Creación y la Caída*, Grand Rapids: Eerdmans Publishing Co. (1995).

22   DCE, 9.

23   Cf. Ez 23.

24   Cf. Is 50, 1; 54, 5; 61, 10 y 62, 5.

25   Cf. Jr 2, 2; 3, 1; 3, 6-12; 31, 32.

26   Sal 45.

27   DCE, 9.

28   Cf. Ex 34, 16; Jc 2, 17; Nm 15, 39 y Dt 31, 16.

29   Papa Francisco, Homilía de la Misa en Santa Marta: "Cuando fracasa un amor", L'Osservatore Romano (28 de febrero de 2014).

30   DCE, 5.

31   Ef 5, 21-33.

32   DCE, 12.

33   Cf. CIC, 1602.

34   Santa Hildegarda de Bingen, *Explicación del Credo de San Atanasio*, traducción del latín de Rafael Renedo Hijarrubia para Hildegardiana (www.hildegardiana.es), febrero de 2013; http://www.hildegardiana.es/5pdf/credo_atanasio.pdf, pág. 11 y http://www.hildegardiana.es/364atanasio/03p02.html. Cf. 1 Co 6, 19.

35   CIC, 2331 y FC, 11.

36   Papa Francisco, Homilía de la Misa en Santa Marta: "Cuando fracasa un amor", L'Osservatore Romano (28 de febrero de 2014).

37   CIC, 362.

38   Papa Juan Pablo II, Audiencias de los miércoles, *Teología del Cuerpo* (TdC) (9 de enero de 1980).

39   Congregación para la Doctrina de la Fe, Carta *Sobre la colaboración del hombre y la mujer* (2004), 8.

40   Papa Pablo VI, Encíclica *Humanae vitae* (HV) (1968), 12.

41   CIC, 371.

42   CIC, 371.

43   Cf. TdC (2 de enero de 1980).

44   GS, 12.

45   Karol Wojtyla, *Amor y responsabilidad: Estudio de moral sexual*, Caparrós Editores (1993).

46   CIC, 2348 y 2349.

47   CIC, 2349.

48   LF, 53.

49   Cf. TdC (16 de enero de 1980).

50   CIC, 1646.

51   CIC, 2391.

52   Papa Francisco, Discurso "Encuentro con los jóvenes de Umbría", Asís (4 de octubre de 2013).

53   Papa Francisco, Audiencia general acerca del *Matrimonio, corazón del designio de Dios para con su pueblo* (2 de abril de 2014).

54   Papa Francisco, Discurso "Diálogo con parejas de novios", Ciudad del Vaticano (14 de febrero de 2014).

55   Papa Francisco, Discurso "Diálogo con parejas de novios", Ciudad del Vaticano (14 de febrero de 2014).

56   CIC, 1642.

57   Papa Francisco, Discurso "Diálogo con parejas de novios", Ciudad del Vaticano (14 de febrero de 2014).

58   CIC, 1615.

59   CIC, 1127.

60   CIC, 1617.

61   CDC, 1056-1057.

62   CDC, 1055.

63   GS, 47.

64   San Agustín, *La bondad del matrimonio*, 32; *Comentario literal al Génesis*, IX. VII. 12; *El matrimonio y la concupiscencia*, I. X.11, XVII.19 y XXI.23, http://www.augustinus.it/spagnolo/index.htm.

65   HV, 10.

66   CIC, 1652-1653, citando la GS, 48 y 50.

67   Papa Francisco, "Tenéis el deber de transmitir la fe" (el Papa instruye a los padres en el Bautismo), Homilía Fiesta del Bautismo del Señor (12 de enero de 2014).

68   Dt 6, 4-7, con énfasis.

69   FC, 14.

70   Concilio Vaticano II, Constitución dogmática *Lumen gentium* (LG) (1964), 11.

71   San Agustín, *La ciudad de Dios: Contra paganos*, http://www.augustinus.it/spagnolo/cdd/cdd_15.htm, traducción de Santos Santamarta del Río, OSA y Miguel Fuertes Lanero, OSA.

72   LG, 11 y CIC, 1655-1658.

73   Papa Pablo VI, Encíclica *Populorum progressio* (PP) (1967), 15.

74   Papa Francisco, Discurso "A las parejas de novios que se preparan para el matrimonio", Plaza de San Pedro (14 de febrero de 2014)

75   Papa Francisco, Discurso "Encuentro con los jóvenes de Umbría", Asís (4 de octubre de 2013).

76   Cf. Mt 6, 10; 7, 21; 12, 50 y 21, 31.

77   Santa Teresa de Lisieux, *Historia de un alma: Manuscritos autobiográficos*, Ignatius Press (2013).

78   GS, 38.

79   Papa Francisco, Discurso "Encuentro con el clero, personas de vida consagrada y miembros de consejos pastorales", Asís (4 de octubre de 2013).

80   CIC, 1656.

81   Cf. Jn 15, 19 y Rm 12, 2.

82   CIC, 1303 y 1308.

83   Papa Benedicto XVI, Discurso "Encuentro con los jóvenes y las familias" (3 de octubre de 2010).

84   Papa Benedicto XVI, Homilía "Que la comunidad parroquial sea una 'familia de familias'" (20 de marzo de 2011).

85   Cf. FC, 44.

86   Cf. FC, 71 y 77.

87   Consejo Pontificio para la Familia, *Enquiridión de la Familia* (2004).

88   FC, 44.

89   Papa Juan Pablo II, Discurso "Encuentro de las familias adoptivas organizado por las misioneras de la caridad" (5 de septiembre de 2000).

90   FC, 41.

91   Compendio del Catecismo de la Iglesia Católica (CCIC) (2005), 321.

92   Papa Juan Pablo II, Discurso "Encuentro de las familias adoptivas organizado por las misioneras de la caridad" (5 de septiembre de 2000).

93   Cf. 1 Co 7, 25-40.

94   Papa Francisco, Discurso "Encuentro con los jóvenes de Umbría", Asís (4 de octubre de 2013).

95   CIC, 2349, citando a San Ambrosio, *Sobre las vírgenes y sobre las viudas*, 4.23.

96   CIC, 1646. Ver arriba: ¶58.

97   CIC, 2391. Ver arriba: ¶58.

98   Ver arriba: ¶60.

99   Cf. Lc 1, 38.

100   CIC, 2347.

101   CIC, 2348.

102   CIC, 1624.

103   Papa Francisco, Discurso "Encuentro con los jóvenes de Umbría", Asís (4 de octubre de 2013).

104   Cf. Jn 1, 14; 17, 24.

105   CIC, 2344.

106   CIC, 1658.

107   CIC, 1658.

108   CIC, 1606.

109   Sínodo de Obispos, Asamblea general extraordinaria, Documento preparatorio "Los desafíos pastorales sobre la familia en el contexto de la evangelización" Ciudad del Vaticano (2013).

110   Papa Francisco, Ángelus, Ciudad del Vaticano (22 de diciembre de 2013).

111   Papa Benedicto XVI, Encíclica *Caritas in veritate* (CV) (2009), 15.

112   Papa Benedicto XVI, Mensaje "Para la celebración de la XLI Jornada Mundial de la Paz" (1 de enero de 2008).

113   Cf. Mt 2, 13-23.

114 Papa Francisco, el Papa habla acerca de la Sagrada Familia como refugiados, ora por el Sínodo (29 de diciembre de 2013).

115 Papa Pío XII, "Alocución a las comadronas" (29 de octubre de 1951).

116 Papa Pío XII, "Alocución a las comadronas" (29 de octubre de 1951).

117 Papa Francisco, Ángelus, Ciudad del Vaticano (22 de diciembre de 2013).

118 Papa Benedicto XVI, Mensaje "Con ocasión del 40.º aniversario de la encíclica *Humanae vitae* de Pablo VI" (2 de octubre de 2008).

119 HV, 10 y CIC, 2368.

120 Cf. HV, 17.

121 EG, 66.

122 Ver arriba: ¶88.

123 Elredo de Rieval, *La amistad espiritual*, 1:51, Editorial Monte Carmelo (2002).

124 Elredo de Rieval, *La amistad espiritual*, 1:45-46, Editorial Monte Carmelo (2002).

125 CIC, 2347. Ver arriba: ¶102.

126 CDSI, 214.

127 Papa León XIII, Encíclica *Rerum novarum* (RN) (1891), 9.

128 GS, 52.

129 Declaración Universal de Derechos Humanos, ONU, art. 16.

130 Cf. EG, 66.

131 EG, 65.

132 Cf. Jn 6, 60-66.

133 Cf. Mc 3, 13-35 y Lc 8, 19-21.

134 Cf. CIC, 77 y 85. Cf. *Dei verbum* (DV), 7.

135 Papa Francisco, Entrevista "Un gran corazón abierto a Dios", Rev. *America* (30 de septiembre de 2013).

136 Cf. CIC, 2351-2356 y FC, 24.

137 Cf. Papa Juan Pablo II, Carta a las familias *Gratissimam sane* (GrS) (1994), 9.

138 San Agustín, *Sermones*, 229O, 1., http://www.augustinus.it/spagnolo/index2.htm - Obras completas - versión española. Para ver otros ejemplos con los que Agustín describe la salvación desde el punto de vista médico, consultar *Sermones*, 229E; *Las confesiones*, VII, xx, 26; X, xxx, 42; *Sobre la doctrina cristiana*, 1, 27; 4, 95; *Manual de la fe, de la esperanza y de la caridad (Enquiridon)*, III. 11; XXII. 81; XXIII. 92; XXXII. 121; *El matrimonio y la concupiscencia*, Libro 2, 9. III; 38. XXIII (ibídem).

139	San Agustín, *Tratados sobre el Evangelio de San Juan*, http://www. augustinus.it/spagnolo/commento_vsg/index2.htm - Obras completas - versión española.

140	EG, 3.

141	DCE, 1.

142	Papa Juan Pablo II, Encíclica *Veritatis splendor* (VS) (1993), 7.

143	EG, 19-24.

144	DV, 10.

145	CIC, 1421.

146	CIC, 1428.

147	FC, 34.

148	FC, 34.

149	Ferruccio de Bortoli, *"Francisco: 'Pintar al Papa como Superman es ofensivo'"*, La Nación, Argentina (5 de marzo de 2014)

150	Ferruccio de Bortoli, *"Francisco: 'Pintar al Papa como Superman es ofensivo'"*, La Nación, Argentina (5 de marzo de 2014)

151	Cf. CIC, 2358-2359.

152	Cf. CIC, 2337 y 2348.

153	Papa Benedicto XVI, Discurso "Fiesta de los testimonios", Milán (2 de junio de 2012).

154	CIC, 1651.

155	Ga 6, 2. Ver arriba: ¶88.

156	CIC, 1648.

157	EG, 169-173.

158	EG, 172.

159	LF, 22.

160	Cf. 1 Co 12, 26-27 y CIC, 521, 953.

161	Cf. CIC, 757.

162	CIC, 169.

163	CIC, 1267 citando a 1 Co 12, 13.

164	LG, 8 y CIC 827.

165	CIC, 766.

166	LG, 8 y CIC, 827.

167	CIC, 890.

168	Papa Francisco, Discurso "A las familias del mundo con ocasión de su peregrinación a roma en el año de la fe", Ciudad del Vaticano (26 de octubre de 2013).

169	EN, 41.

170	Papa Francisco, Ángelus, el Papa habla acerca de la Sagrada Familia como refugiados (29 de diciembre de 2013).

171	CIC, 1905.

172   Dn 6, 11.

173   Dn 1, 8.

174   LF, 52. Ver arriba: ¶2.

175   Dante, *La divina comedia*, "Paraíso", Canto xxxiii, http://www.antorcha.net/biblioteca_virtual/literatura/dante/33_3.html.

176   Cf. Mt 5, 13.

177   FC, 17.

178   FC, 17.

179   FC, 17.

180   FC, 18-27.

181   CIC, 1655.

182   CIC, 507.

183   Cf. Mc 1, 29-31; Mt 8, 14-15 y Lc 4, 38-39. Cf. Mc 2, 1; 3, 19-20; 7, 17; 9, 33. Cf. Mc 5, 38; 7, 24; 10, 10; 14, 3; Mt 9, 23; 10, 11-13; 13, 1; 17, 25; 26, 6; Lc 5, 29; 7, 36; 8, 51; 10, 5-7; 11, 37; 14, 1; 19, 5-9 y Jn 4, 53; 12, 1-2.

184   Rm 16, 5 y 1 Co 16, 19. Cf. Col 4, 15 y Flp 4, 22.

185   CIC, 1655 citando Hch 18, 8; 16, 31 y 11, 14.

186   FC, 50.

187   CCIC, 321. Ver arriba: ¶91.

188   FC, 17.

189   Dt 30, 19-20.